El Manual Definitivo De Inversión En Bolsa Para Principiantes

Descubre 7 Estrategias para Mujeres: Logra un Crecimiento Explosivo, Huye de la Carrera de Ratas y Retírate Pronto

Megan Reed

Contents

INTRODUCCIÓN

"Un llamado para las mujeres... Para elevarse con lo que realmente se necesita para la recompensa de la libertad financiera."
ROBERT KIYOSAKI, AUTOR DE PADRE RICO PADRE POBRE

El mercado de valores está posicionado democráticamente para permitir que todas las personas interesadas participen, y eso incluye a grupos generalmente vulnerables como las mujeres. A pesar de que algunas personas bien establecidas y magnates empresariales puedan acceder a ciertas ventajas que les permitan sobresalir aún más, el mercado de valores brinda a todos la oportunidad de unirse, crecer y crear su propio espacio auténtico para acumular riqueza legítima. Esto te convierte en una candidata con igual potencial para esta plataforma y posiblemente en la próxima gurú en este tipo de comercio.

La importancia de replantear nuestra planificación financiera es una realidad palpable ante la evidente fragilidad de la economía actual. Eventos recientes en la historia han subrayado la necesidad crítica de revisar y ajustar nuestras estrategias financieras, asegurando así la creación de un sistema de reserva robusto que fortalezca nuestras finanzas para el futuro.

Piensa en la Gran Recesión que golpeó al mundo hace poco más de una década, sin hablar de la bien conocida pandemia de COVID-19 del 2019. Bajo tales circunstancias, es fácil perder tu resistencia financiera, a menos que estés firmemente asentada. La inversión en el mercado de acciones podría ser el baluarte que refuerce tu confianza, ofreciéndote un timón más firme para surcar las turbulentas aguas de eventos mundiales impredecibles.

En los últimos años, ha habido un aumento constante en el número de estadounidenses que poseen acciones internacionales, llegando hasta el 10% de toda la población (Dautovic, 2021). Esto muestra que un número creciente de personas está comenzando a darse cuenta de la importancia de diversificar sus carteras financieras. A pesar de esto, la cantidad de acciones en manos de la clase media ha disminuido significativamente, pasando de representar el 15% del total en 1989 a solo el 5% en 2016 (Dautovic, 2021).

Esta situación ha llevado a una creciente disparidad entre quienes invierten en la bolsa y quienes no lo hacen. Los inversores están viendo mejoras significativas en su bienestar financiero, y tú también puedes sumarte a este grupo. Una vez que experimentes los beneficios de invertir en acciones, no solo fortalecerás tu situación económica, sino que también te convertirás en un estímulo para que otros sigan tu ejemplo y se beneficien de igual manera.

Quizás te resulte interesante saber que América ha estado disfrutando de un mercado alcista que se ha extendido por casi diez años. Este fenómeno es notable, considerando que la duración media de un mercado alcista en la historia de la bolsa de valores es de solo 4.5 años. El mercado alcista actual en Estados Unidos ha sobrepasado ampliamente esta media, marcando un periodo de crecimiento excepcionalmente largo. (Dautovic, 2021). Un mercado alcista es aquel que está orientado hacia un aumento y es característico de un ambiente económico favorable. ¿No crees que este es un ambiente propicio y el momento adecuado para comenzar tu comercio de acciones? ¡Ciertamente lo es!

Si te encuentras en un dilema donde te preguntas cómo podrías aumentar tus ingresos y lograr la independencia financiera, este libro es para ti. Tu trabajo de 9:00 a 5:00 está bien porque te da un punto de partida financiero. Sin embargo, el salario que recibes puede que nunca sea suficiente para cubrir gastos grandes o algunos lujos que podrías desear para ti y tus hijos. Por lo tanto, si ya habías notado que necesitas otras fuentes de ingresos, entonces has accedido a este libro en el momento adecuado. Esto se debe a que el mercado de valores es una oportunidad en la que puedes contar para impulsar tus niveles financieros.

¿Podría ser que siempre has querido invertir en acciones, pero no tienes idea de cómo empezar ni de cómo llevarlo a cabo? Este libro responderá las preguntas que te iluminarán lo suficiente para ganar un entendimiento de cómo funciona el comercio de acciones.

Por otro lado, si estás en una posición en la que considerarías el comercio de acciones pero eres un poco escéptica acerca de los procesos y los resultados, te animo a seguir leyendo. La información que se proporciona en este libro aclarará cualquier tipo de malentendido que podrías haber tenido, despejando así cualquier duda en el proceso. Al final del día, te volverás más confiada en el comercio de acciones y tendrás éxito en un ámbito que mayormente está dominado por hombres.

Al compilar los contenidos de este libro, entendí que aunque puedes obtener información sobre el comercio de acciones en internet, el tiempo puede ser tu principal enemigo. Esto se debe a que la información en internet está tan dispersa que se necesita tiempo para conseguir lo que quieres y unir los puntos sugeridos. Pensando en ti, este libro es un depósito integral de los principales consejos, estrategias y hechos que debes saber para iniciar tus empeños comerciales. Esto te ahorra el tiempo y el estrés de tener que visitar una página web tras otra.

El beneficio directo que obtendrás al leer este libro es conseguir lo que necesitas para comenzar con confianza en el comercio de acciones. Esto te ayudará a escapar de la carrera de la rata, que es bastante agotadora. La riqueza de conocimientos que se proporciona en este libro también marca el comienzo de la independencia financiera de por vida que te salvará del estrés de tener que preocuparte por fondos insuficientes para tus necesidades y deseos. Ya no tendrás que vivir de cheque en cheque, sin hablar de la gran probabilidad de poder retirarte temprano si así lo decides. Hablemos más sobre la libertad financiera que debes anticipar.

EL COMERCIO DE ACCIONES TRAE LIBERTAD FINANCIERA

Hay muchas definiciones de libertad financiera, basadas principalmente en las diferentes percepciones de las personas. En este libro, describimos la libertad financiera como ese estado en el que eres capaz de crear flujos de ingresos lo suficientemente fuertes para sostenerte, incluso si decides dejar tu trabajo diario. Cuando se trata de cuánto dinero debería ser suficiente para darte tal independencia financiera, hay algunos factores que entran en juego. Por ejemplo, la cantidad dependerá de dónde vives, tu estilo de vida y otras situaciones únicas para ti y tu familia. La pregunta principal ahora se convierte en: *"¿Cuáles son los beneficios de la libertad financiera?"*

Mejor Seguridad

Como mujer, una de tus necesidades principales es sentirte segura. Esto lleva a una mente sobria que mejora la capacidad de tomar mejores decisiones. Cuando tienes más dinero, la palanca para hacer lo que quieres aumenta, un escenario que a su vez reduce los niveles de estrés en general. Imagina una situación donde no tengas que preocuparte por cómo sobrevivirán tus hijos incluso si no vas al trabajo. Es tremendamente liberador y las sensaciones son satisfactorias.

Eres Más Dueña De Tu Tiempo

Cuando eres financieramente independiente, puedes controlar tu tiempo. Puedes decidir cuándo y cómo prefieres trabajar. Incluso podrías retirarte temprano y dirigir tu energía hacia otros intereses, ya sea por pasión o más ingresos. En otras palabras, la independencia financiera te permite liberar tu tiempo para otras cosas como el arte, viajar, la repostería, o cualquier otro hobby, lo cual puede ser literalmente imposible con tu trabajo de 9:00 a 5:00.

Defiendes Mejor Tus Valores

Cada mujer tiene principios que son esenciales para ella, aunque a veces puede parecer complicado mantenerse fiel a ellos, especialmente cuando hay otras preocupaciones como el trabajo y las responsabilidades diarias. Cuando no estás presionada por la necesidad económica, es más sencillo enfocarte en lo que realmente valoras. Por ejemplo, si tu deseo es atender a las personas mayores de tu comunidad, lo harás impulsada por tus convicciones y la compasión, más que por el dinero.

Estás Mejor Posicionada Para Tomar Más Riesgos

La falta de dinero es una de las principales limitaciones que inhiben el crecimiento. Esto se debe a que la mayoría de los riesgos que toman las personas requieren respaldo financiero. Por lo tanto, cuando tienes más independencia financiera, puedes explorar más oportunidades que el mundo presenta. Puedes tomar más riesgos que fomenten el crecimiento, incluso financiero. Además, las personas financieramente libres no tienen nada que les retenga cuando se trata de explorar el mundo. Por ejemplo, pueden mudarse con facilidad porque no están atadas a un trabajo en particular.

HISTORIAS DE ÉXITO

Es comprensible que muchas de nosotras tengamos interés en conocer quiénes han triunfado en el comercio de acciones. En esta sección, exploraremos los testimonios de varias mujeres que se atrevieron a invertir en la bolsa de valores y cuya pericia contribuyó a forjar historias de éxito. Esto te permitirá ver que hay mujeres, como tú, que están obteniendo resultados positivos, y descubrirás que su estrategia puede ser sorprendentemente sencilla: el comercio de acciones.

Jessica Wu

Jessica Wu es una mujer que comenzó una carrera de actuación en su primer año de universidad. Aunque la industria le pagaba bien, decidió irse al Reino Unido donde comenzó a estudiar una carrera relacionada con las finanzas. Dicha formación le abrió los ojos a cómo el crecimiento económico de China estaba creando cada vez más inversores institucionales. Jessica también notó cómo la gama de productos se ampliaba desde acciones hasta fondos cotizados en bolsa (ETF) y esto la motivó a sumergirse en el comercio. A principios de 2020, Jessica invirtió en Pinduoduo Inc. (PDD.US), que es una plataforma de comercio electrónico. Bastante interesante, ¡su tasa de retorno ha sido del 264%! Genial, ¿no es así? Al igual que Jessica, también puedes aumentar tus flujos financieros, incluso si ya estás haciendo algo que te apasiona.

Ellen Roseman

La travesía de inversión de Ellen comenzó en los años 90 cuando ella operaba bajo la tutela de una corredora de bolsa. ¿Notas cómo las mujeres están ocupando un espacio considerable en la industria del comercio de acciones? En un momento determinado, Ellen asistió a una presentación sobre Constellation Software, una empresa que provee servicios y software a diversos sectores con alta demanda en el mercado. La ponente de la presentación resaltó el hecho de que el Sistema de Jubilación de Empleados Municipales de Ontario (OMERS) estaba considerando la venta de sus acciones en la empresa, e incentivó a los interesados a considerar la compra de estas. Ellen captó el mensaje y adquirió acciones a un precio de 110 dólares cada una. Con el paso de los años, esta inversión creció significativamente, trayendo a Ellen un éxito estelar en sus inversiones. Como puedes ver, puede que no necesites una gran cantidad para comenzar. Lo importante es tomar las decisiones correctas sobre en qué acciones invertir. Necesitas estar atenta y abierta a la información que pueda influir en tomar mejores decisiones en el comercio de acciones.

Bishat Araya

La historia de Bishat Araya es la de una cantante que luego se dio cuenta de la importancia de ahorrar e invertir dinero, especialmente después de la pandemia de COVID-19. Ella buscó toda la información que pudo sobre el comercio de acciones y hasta leyó libros, tal como tú lo estás haciendo ahora mismo. Cuando se sintió preparada, Bishat invirtió en acciones como Beyond Meat, Volvo, Arise, Bambuser y Power Cell. Solo le tomó unas pocas semanas antes de que ganara un 50% en Bambuser y un 30% en Volvo. Es un comienzo bastante bueno y prometedor si las cosas continúan de la misma manera. Tal como Bishat, tú también podrías aumentar tus ahorros y preocuparte menos por el futuro.

Ng Shin Ein

Ng Shin Ein proviene de una familia donde la educación femenina no era prioritaria, pero, contra todo pronóstico, recibió la oportunidad de formarse. Su padre era un destacado hombre de negocios y un inversor con años de experiencia. Aunque Ng no fue formalmente instruida en cómo invertir, maximizó las acciones en equidad que su padre le dio como recompensa por obtener buenas calificaciones. Su primera inversión fue con Overseas Union Trust, una compañía de Singapur que ya no cotiza en bolsa, cuando tenía 13 años. Ng dice que los beneficios de invertir van más allá de los retornos. Ella dice: *"Se trata de la emoción de descubrir a un buen fundador y un equipo con potencial. Los negocios y la inversión aportan esa chispa extra a mi vida, y me encanta!."* (Stewart, 2021). Tú podrías experimentar la misma emoción y también disfrutar de los retornos si reúnes el coraje para invertir.

Elizabeth Holmenlund

Elizabeth Holmenlund cursó estudios en economía y gestión en la London School of Economics (LSE). Tras su graduación, se incorporó al sector de las inversiones trabajando en JP Morgan. Durante su tiempo allí, Elizabeth amplió sus conocimientos y entendimiento sobre inversiones hasta que finalmente decidió comenzar a invertir por su cuenta. En JP Morgan, a los empleados también se les otorgaban opciones de acciones como parte de su compensación. Elizabeth decidió vender las suyas tan pronto como se hicieron efectivas en el primer día de la ventana de negociación y las ganancias que obtuvo de esta estrategia fueron bastante lucrativas. Elizabeth solo invierte en el ETF MSCI World y ha atestiguado más de un 30% de retorno durante su mejor año, que fue 2016. Tú podrías ser como Elizabeth en los próximos meses o años si das el primer salto para comenzar a invertir en acciones.

Con solo 10 dólares, una determinación enfocada y una guía detallada, puedes empezar a invertir con confianza en el mercado de valores y encaminarte hacia la libertad financiera. ¿Estás lista para decir adiós al ciclo de vivir de cheque en cheque? ¿Estás harta de lidiar con el estrés y un presupuesto tan ajustado que no te permite ahorrar para tu jubilación? ¿Te sientes exhausta de la interminable carrera de ratas? ¿Estás ansiosa por vivir un crecimiento extraordinario que te haga preguntarte por qué no empezaste a invertir en acciones antes? Si tu respuesta a estas preguntas es un rotundo *"Sí!"* prepárate para el viaje y explora las siete estrategias que pueden convertir tus sueños en realidad. ¡Feliz inversión en acciones!

¿POR QUÉ DEBERÍAS INVERTIR?

La existencia de las mujeres a menudo se asocia con varias brechas. Es posible que ya hayas escuchado hablar sobre la brecha curricular, la brecha salarial de género y la brecha entre los muslos. Sin embargo, en este libro no exploraremos esas brechas, sino que nos centraremos en la brecha de inversión de género.

Esta es una de las principales razones por las que tú, como mujer, deberías desear darle una oportunidad a la inversión. Las estadísticas generales destacan que la probabilidad de que las mujeres decidan invertir es bastante baja (Blancaflor, 2018). Un mayor porcentaje de las pocas que luego reúnen suficiente valentía para invertir usualmente lo hacen en etapas posteriores de sus vidas. Mientras que hay muchas razones que fomentan el desarrollo de la brecha de inversión de género, mirar los muchos beneficios que vienen con esta oportunidad puede ayudarte a participar en su cierre. En este capítulo, discutiremos las razones para invertir. Examinaremos además los malentendidos frecuentes relacionados con la inversión en acciones, particularmente desde el punto de vista femenino. Lo mejor es que, al finalizar este capítulo, contarás con el conocimiento necesario para prepararte para tu gran avance financiero.

RAZONES POR LAS QUE DEBERÍAS INVERTIR

Como mencioné anteriormente, la mayoría de las mujeres considerarían invertir cuando son mayores. Una de las razones para esto es que podrían sentir que necesitan acumular más conocimiento antes de poder comenzar. Este período de espera puede tomar mucho más tiempo de lo normal. Además, algunas mujeres piensan que necesitan acumular más dinero y volverse más financieramente estables para poder soportar el riesgo que conlleva invertir. Esto, nuevamente, toma mucho de su tiempo mientras envejecen aún más. Sin embargo, a pesar de todos estos pensamientos y desafíos, saber qué hay para ti cuando inviertes es crucial. Profundicemos en algunas de las razones por las que deberías intentar invertir tan pronto como tengas la oportunidad.

Para Aumentar Tu Palanca Financiera

Invertir en acciones es uno de los métodos que puedes emplear para superar las disparidades financieras de género que prevalecen en el mundo actual. Si buscas una estrategia para escapar del impuesto rosa y la brecha salarial de género, invertir es una opción conveniente. Con la inversión en acciones, elevas tu palanca financiera, colocándote así en una posición de acumular riqueza de la misma manera que lo haría un hombre.

¿Sabías que algunas de las situaciones dolorosas que las mujeres alrededor del mundo soportan se deben a que no tienen suficientes recursos financieros para defenderse? Algunas permanecen en relaciones abusivas porque los hombres que las maltratan son los que ponen comida en sus mesas. Todo el asunto se reduce al hecho de que los hombres generalmente tienen mejor palanca financiera que las mujeres. Cuando inviertes, te vuelves más financieramente estable, así puedes cuidar de ti misma y tomar decisiones que te protejan de daños evitables.

Para Lograr Objetivos & Metas Financieras

Las metas financieras constituyen logros a largo plazo y de gran envergadura que aspiras a cumplir en tu vida. Por ejemplo, si tienes el propósito de financiar la educación universitaria de tus hijos, esta es una meta financiera que implicará una cantidad significativa de dinero. Los objetivos son logros a corto plazo que, en conjunto, te permiten alcanzar tus metas financieras. Siguiendo con el ejemplo de la universidad, tus objetivos financieros podrían incluir cubrir las tasas de matrícula de un semestre, adquirir material escolar, pagar el alojamiento y reservar fondos para el transporte de tus hijos al campus. Ya sea que hablemos de metas u objetivos, de igual manera se requiere dinero. Invertir es una opción efectiva para recaudar fondos que te ayuden a satisfacer las demandas de tus metas y objetivos, incluso si se trata de ahorrar para una boda, una casa o un fondo de emergencia.

Para Potenciar Tus Fondos de Jubilación

Según estadísticas, por cada dólar que gana un hombre, una mujer obtiene $0.83 (Blancaflor, 2018). La diferencia de 17 centavos es significativa, más aún cuando se trata de cantidades grandes. Esto implica que incluso si las mujeres ahorran el mismo porcentaje de sus ingresos que los hombres, en general terminarían acumulando menos dinero. ¿Notas cómo las estructuras generales en los lugares de trabajo y en la industria están dispuestas de tal manera que nosotras, como mujeres, enfrentamos obstáculos para ahorrar en la misma medida?

Esta situación se agrava aún más por el hecho de que las mujeres tienden a vivir más años que los hombres. Así que el poco dinero que ahorramos para nuestra jubilación se vuelve aún menos significativo cuando se distribuye durante períodos de tiempo más largos.

Aunque todo esto podría parecer una mala noticia que podría desanimarte de ahorrar tanto como quieras para tus años de jubilación, la buena noticia es que no estás atrapada en absoluto. Puedes escapar del escenario si decides invertir, ya que es una manera más fácil de hacer crecer tu dinero.

Para Crear una Alternativa a la Cuenta de Ahorros

Tener una cuenta de ahorros es bueno, pero no a largo plazo. Te explicaré por qué. Cuando ahorras tu dinero en una cuenta de ahorros o en una caja fuerte en tu casa, su valor se depreciará a medida que pasen los años. Esto se debe principalmente a las tasas de inflación que tienden a aumentar con los años. Recuerda, la tasa de inflación se mide en un 3% a nivel mundial (The Money Pages, 2021). Lamentablemente, las tasas de interés para el dinero que está en la cuenta de ahorros son aproximadamente del 0%. Por lo tanto, a largo plazo, en realidad estarás perdiendo dinero en nombre del ahorro. Aquí es donde invertir supera el guardar tu efectivo bajo el colchón. Cuando inviertes, tu dinero crece exponencialmente y para cuando pasen 30 años, te sorprenderás de cuánto más habrías ganado. Incluso con pequeños depósitos mensuales, invertir es una gran alternativa a una cuenta de ahorros. ¡Incluso puedes hacer ambas cosas para estar del lado más seguro!

Para Hacer que Tu Dinero Trabaje Para Ti

Las mujeres son conocidas por su arduo trabajo, y es probable que puedas confirmarlo por experiencia propia. Aquí surge una pregunta intrigante: "¿Por qué no permitir que tu dinero trabaje tan duro como tú?"

De hecho, ¿qué pasaría si permitieras que tu dinero trabajara para ti? Recuerda que cada vez que trabajas, buscas ganar más dinero. En realidad, tienes la capacidad de usar el dinero que posees para generar aún más. En resumen, invertir es una manera de crear ingresos pasivos, es decir, aquel dinero que ganas incluso mientras duermes. Cada vez más mujeres están llegando a esta realización y no hay ningún daño en unirte a ellas. Las estadísticas de Saxo de 2020 muestran que la proporción de sus inversionistas mujeres aumentó en un 354%, frente al 288% de los hombres (The Money Pages, 2021).

MITOS COMUNES

La industria del comercio de acciones está rodeada de ciertos mitos que a menudo entorpecen la comprensión de muchas mujeres acerca de la inversión. Conocer tales mitos es de suma importancia, ya que te ayuda a tomar decisiones bien informadas. El objetivo principal de esta sección es iluminarte sobre algunos de los mitos comunes que nunca debes aceptar ciegamente.

Invertir En Bolsa es Más o Menos lo Mismo que Apostar

Este mito crea una percepción que hace que algunas mujeres consideren que invertir en acciones es una actividad de dudosa reputación, lo cual las lleva a evitarlo. De hecho, apostar e invertir en bolsa son diferentes en varios aspectos. Para comprender esto, necesitas tener una apreciación profunda de lo que implica comprar acciones. Cada acción de capital común equivale a un cierto nivel de propiedad en una empresa. Esto significa que cuando posees acciones en una empresa, tienes derecho a un porcentaje estipulado de todas las ganancias que ésta genera. Por lo tanto, las acciones son más que simples vehículos de comercio, son una representación de la propiedad en una empresa. Como resultado, cada vez que compras algunas acciones, estás adquiriendo un cierto nivel de propiedad en una empresa, poniéndote en posición de acceder a sus beneficios. ¡Esto es muy diferente a apostar!

Recuerda, el mercado de valores es una plataforma de compra y venta. Por lo tanto, los inversores intentan constantemente evaluar los posibles márgenes de ganancia, y esto explica las fluctuaciones en los precios de las acciones. Al igual que en cualquier otro entorno comercial, la atmósfera de negociación cambia con frecuencia en el mercado de valores. Dichos cambios influyen en las ganancias futuras de una empresa y en los beneficios que los accionistas pueden obtener.

Es vital que comprendas que los movimientos de precios a corto plazo tienden a ser aleatorios debido a las muchas variables que los influyen. Este concepto se explica con la "teoría del paseo aleatorio", o en inglés "random walk". Basada en esta teoría, no puedes utilizar la tendencia pasada que notaste en el precio de una acción para determinar su movimiento futuro. Esto se debe a que todos los cambios en los precios de las acciones son independientes entre sí, principalmente debido a las muchas variables que están involucradas. Cuando miras a largo plazo, el valor de una empresa se mide por el valor presente de sus beneficios extrapolados. Esto significa que a corto plazo, una empresa puede funcionar sin ganancias reales, sino con las que se extrapolan para el futuro. Esto es invertir en bolsa y no representa en absoluto el juego de azar.

En el juego de azar, el dinero se toma de la persona que perdió y se le da a la que ganó. Es un juego de suma cero, donde la ganancia de una persona es igual a la pérdida de otra. Como resultado, no hay un cambio neto en la riqueza después del intercambio general. No se crean valores como ocurre con la inversión en acciones. La inversión en bolsa fomenta la competencia entre empresas, un escenario que promueve la productividad y las innovaciones que mejoran la vida de muchas personas. En resumen, invertir es un ejercicio de creación de riqueza, mientras que el juego de azar no lo es.

El Mercado de Valores es Solo Para Ricos & Corredores de Bolsa

Algunas personas, como los corredores, a veces afirman que están mejor posicionados en el mercado de valores hasta el punto de que pueden conocer el mercado de adentro hacia afuera. Por lo tanto, dejan a los principiantes con la suposición de que sus posibilidades de triunfar en el mercado de valores son muy limitadas.

Las investigaciones han demostrado, más allá de cualquier duda razonable, que esas afirmaciones son falsas. Además, los avances tecnológicos y el acceso a Internet han hecho que el mercado de valores sea más accesible para todos que nunca antes. No importa cuál sea tu situación financiera o género; así que, como mujer, estás perfectamente capacitada para participar en la inversión de acciones.

Es verdad que anteriormente algunas herramientas de comercio estaban disponibles únicamente para las empresas de corretaje, pero eso ha cambiado. Actualmente, estas herramientas de investigación y análisis de datos están accesibles para el público en general a través de internet. Hasta hace poco, participar en el mercado de valores requería grandes cantidades de capital, por lo que se pensaba que el juego era solo para los ricos. El estado más reciente es que es posible acceder al mercado con inversiones mínimas a través de robo-advisors (asesores robóticos) y corredores de descuento. Esto significa que no tienes que ahorrar durante años antes de poder comenzar a invertir en la bolsa de valores. Puedes empezar con la cantidad que tienes y hacer crecer tu riqueza desde allí. El término 'robo-advisors' se refiere a plataformas digitales que ofrecen servicios automatizados de planificación financiera. Los corredores de descuento son individuos que manejan órdenes de "compra y venta" a tasas de comisión más bajas que las de los corredores de servicios completos.

El Camino Ascendente de una Acción es su Camino Descendente

No hay tendencias garantizadas para el movimiento de los precios de las acciones. Más precisamente, si el precio de una acción sube, no hay garantía de que volverá a bajar. Las leyes de la física, como la fuerza gravitacional, no se aplican al mercado de valores, que se rige por su propia dinámica. Por ejemplo, Berkshire Hathaway, una compañía holding que posee empresas como Fruit of the Loom y es liderada por Warren Buffet, vio un aumento significativo en el precio de su acción de $7,455 a $17,250 en poco más de cinco años. Si las leyes de la física operasen en el mercado de valores, uno podría esperar que después de tal ascenso, el precio de las acciones de Berkshire Hathaway cayera. Sin embargo, no fue así; el precio de la acción continuó su ascenso, alcanzando más de $344,000 por acción en 2020. (Anderson, 2019).

Es importante considerar que no estoy insinuando que las acciones que aumentan en valor nunca sufran una corrección, término que se utiliza para describir la caída del precio de una acción desde su pico más reciente en un 10% o más. Sin embargo, en el mundo de la inversión no hay una regla que dicte que todas las acciones que suben deben inevitablemente caer. Algunas acciones mantienen su tendencia alcista, especialmente si las compañías están bajo una gestión excepcional.

Ángeles Caídos Eventualmente Ascenderán

Desde el momento en que comienzas a invertir, es probable que te encuentres con la noción de que una acción que ha caído en valor ciertamente subirá de nuevo. Como resultado, se fomenta la compra de dichas acciones, con la esperanza de obtener ganancias a medida que aumenten su valor. Este es solo otro mito al que debes estar atenta. Si M-Investments cae de $70 a $30 por acción, no hay garantía de que volverán a subir. A veces, comprar una acción que ha tenido un pequeño aumento podría valer la pena. Por ejemplo, si D-Investments subió de $30 a $40 por acción durante algún tiempo, comprarla podría ser más rentable que optar por acciones caídas. Básicamente, intentar predecir el mercado es difícil y puede llevar a frustraciones a largo plazo.

Es fundamental reconocer que invertir y comerciar con acciones son actividades distintas. El comercio suele implicar el uso de análisis técnico, mientras que la inversión no depende exclusivamente de este. Por consiguiente, los precios son solo uno de los muchos factores que influyen en las decisiones de inversión. Basar las decisiones de inversión meramente en el precio de las acciones es un error considerable; por ello, adquirir acciones solo porque su precio de mercado es bajo no es necesariamente una táctica provechosa. Además, es crucial no confundir inversión en valor con inversión en acciones. La inversión en valor es una estrategia específica que consiste en identificar y comprar acciones que se cotizan por debajo de su valor de mercado.

Ganas Mucho Más Mediante el Day Trading

Esta idea podría parecer lucrativa, pero desafortunadamente, no es un reflejo fiel de la realidad. Según algunas estadísticas, el 80% de las personas que participan en el day trading pierden su dinero (Hua, 2020). Esto significa que las posibilidades de ganar dinero a través del day trading son solo del 20%, lo cual es bastante bajo.

Una de las principales razones por las que los day traders pierden su dinero en el mercado es la extrema implicación de las emociones. Algunos de estos comerciantes dejan sus trabajos de 9:00 a 5:00 para poder dedicar más tiempo al comercio. Como resultado, sus decisiones están influenciadas por el impulso de complementar sus salarios y ganar aún más. Bajo tales circunstancias, los comerciantes pueden, por ejemplo, negarse a vender una operación que está perdiendo. A veces, se aferran a las pérdidas durante demasiado tiempo, con la esperanza de que la tendencia pueda cambiar de nuevo. Ten en cuenta que no estoy diciendo que el day trading sea un área completamente prohibida. De hecho, algunas personas, que constituyen el 20% que mencione anteriormente, sí lo logran. Sin embargo, esto requiere mucha experiencia y la capacidad de soportar muchas pérdidas a lo largo del tiempo. Basándonos en esta información, la inversión en acciones es una forma de comercio más estable, ya que reduce la influencia negativa de las emociones. También es más pasiva que el day trading y tus posibilidades de tener éxito son bastante altas.

Incluso el Menor Conocimiento en Inversiones es Suficiente

No todos los principios aplicables en otros ámbitos son efectivos en la inversión en acciones. La idea de que es mejor saber algo que no saber nada, sin importar cuán limitado sea ese conocimiento, no es conveniente en este contexto. Al fin y al cabo, estamos hablando de tu dinero. No es prudente conformarte con un conocimiento superficial cuando tienes la oportunidad de profundizar y aprender más. Es esencial comprender lo que sucede con tu dinero; si no te informas adecuadamente, disminuyes las probabilidades de éxito en el mercado de valores.

Si careces del tiempo para llevar a cabo la investigación requerida antes de invertir, podría ser prudente contratar a un asesor financiero que te mantenga al tanto de lo necesario. Esto no debería verse como un gasto adicional, ya que invertir en algo que no se comprende del todo puede resultar en mayores pérdidas a largo plazo, en comparación con el costo de los servicios de un asesor de inversiones. Los asesores pueden ser individuos o empresas, y comúnmente se les conoce como corredores de bolsa.

La Bolsa de Valores y la Economía Van de la Mano

Es posible que hayas oído la idea de que el mercado de valores se mueve en paralelo a la economía. Esta creencia lleva a muchas personas a pensar que si la economía está prosperando o sufriendo, el mercado de valores reflejará directamente esa tendencia. Este concepto es uno de los malentendidos que se han arraigado en la industria del mercado de valores.

Vamos a explorar algunas razones por las que el estado de la economía no siempre es un reflejo fiel de lo que sucede en el mercado de valores. En primer lugar, el mercado de valores no solo representa la situación actual, sino que también es un indicador del futuro. Los precios de las acciones se ven altamente influenciados y determinados por las expectativas y proyecciones futuras de los inversores. Esta es la razón por la que, en muchas ocasiones, aunque la economía haya sufrido un declive, los mercados de acciones han mostrado un comportamiento ascendente.

En segundo lugar, los precios actuales de las acciones no siempre representan su valor intrínseco real. Más bien, pueden ser un reflejo del valor proyectado de esa acción. Es por esto que los inversores pueden poner su dinero en compañías que no están yendo tan bien, basados en la "esperanza" de que incurrirán en más ganancias a medida que pasen los meses o años. En cuanto a la economía, todos los valores y precios son un reflejo de lo que está sucediendo en el momento del "aquí y ahora".

Tercero, el mercado de valores no siempre irradia el calor que proviene de la economía porque el sector privado no está involucrado. Todas las empresas que participan en el mercado de valores están listadas públicamente. Estas empresas suelen ser más grandes y, por lo tanto, pueden acumular más fondos, en comparación con las pequeñas empresas privadas. Por lo tanto, incluso en el caso de una recesión económica, estas grandes compañías pueden no verse afectadas negativamente en la misma medida que las empresas privadas. Las primeras incluso pueden no sentir el impacto porque tienen reservas financieras más grandes en las que apoyarse. Como resultado, a medida que la economía se desploma, las compañías que están listadas en los mercados de valores pueden estar teniendo un desempeño mejor.

Comprar Acciones en Caída No Siempre es la Mejor Opción

La idea de que las acciones en caída representan automáticamente una buena oportunidad de compra por su relación calidad-precio no es siempre acertada. Comprar acciones en caída puede asemejarse a intentar atrapar un cuchillo afilado en plena caída; es una maniobra riesgosa. No existe una garantía de que dichas acciones recuperarán su valor previo. Podrían seguir cayendo, por lo que tus acciones seguirán perdiendo valor.

Muchos inversores parecen ser bastante escépticos acerca de comprar acciones que alcanzan nuevos máximos, pero se estarán perdiendo la base de la inversión. Idealmente, inviertes para que tus acciones aumenten de valor y esto sucede cuando las acciones alcanzan nuevos máximos. Entonces, ¿cuál es el punto de invertir en acciones si te alejas de los nuevos máximos?

Si una empresa crece a un nuevo máximo, esto refleja que es un buen negocio. Hay altas posibilidades de que incluso pueda seguir subiendo mientras tú ganas más dinero en el proceso. Por otro lado, una empresa cuyas acciones están cayendo es en realidad un mal negocio. La probabilidad de que también pueda seguir cayendo es relativamente alta. Ahora, aquí está la pregunta del millón de dólares: *"¿Por qué decidirías invertir en un mal negocio?."* Por lo tanto, es mejor invertir en acciones en ascenso, en lugar de en acciones en caída.

Los Inversores de Ingresos Tienen que Invertir en Acciones de Alto Rendimiento

Otro concepto erróneo común es que si eres un inversor que necesita ingresos, comprar acciones que tengan buenos pagos de dividendos es el camino a seguir. La base de esta noción es que las acciones de ingresos traen más dinero que las acciones de crecimiento. Actualmente, la información disponible en la industria de valores revela que todas estas ideas son solo mitos. La verdad es que las acciones de crecimiento pueden acumular grandes retornos con el tiempo, lo que las hace altamente comparables con las acciones de ingresos, hasta cierto punto. Como inversor, finalmente te beneficiarás de la apreciación del capital, además de los dividendos anuales que continúan aumentando. Si comparas las acciones de crecimiento con las acciones de ingresos, encontrarás que estas últimas realizan pagos más consistentes que no necesariamente aumentan. No solo eso, los inversores son propensos a experimentar una depreciación de su capital a medida que avanza el tiempo. En general, invertir en acciones de crecimiento paga más, ya que los inversores disfrutan de dividendos progresivamente crecientes y retornos de capital.

Ahora espero que hayas adquirido un mejor entendimiento de algunos de los conceptos erróneos que se han vuelto comunes en la industria de inversión en bolsa, hasta el punto de que la gente ahora piensa que son verdaderos. Estos mitos atrapan fácilmente a los recién llegados, pero tú ya no estás entre ellos. Ten en cuenta que algunas de las características del mercado de valores que destaque en esta sección se explorarán más a fondo en otros capítulos.

¿QUÉ ESTÁ DETENIENDO A LAS MUJERES?

Laurie Itkin describe todas las cuentas de ahorro que pagan un interés de menos del 1% como *"enviar a un siervo con un contrato de servidumbre a subir una colina cargando un peso de 300 libras"* (Itkin, 2014). Por duro que parezca, muchas mujeres están viviendo la vida de este *"siervo con contrato de servidumbre"* mientras siguen esperando que ahorrarán lo suficiente para vivir las vidas que desean y ahorrar para sus jubilaciones. En esta sección, nuestro objetivo es responder a la pregunta: "¿Por qué las mujeres se alejan de probar otras opciones como la inversión en bolsa?" ¿Qué te detiene? Examinaremos varias razones que impiden a las mujeres invertir. A medida que continúes leyendo, también verás por qué estas razones no son suficientes para detenerte de realizar tus sueños financieros.

Todo Parece Tan Complicado

La industria financiera es una de aquellas que utiliza una jerga única que puede ser difícil de entender para una persona común. Como resultado, muchas mujeres asumen que los procesos involucrados en ganar dinero en el mercado de valores también son muy complicados. Algunas mujeres hacen esfuerzos por buscar más información sobre la inversión en acciones y recurren a asesores masculinos, que no pueden entenderlas de la manera en que lo haría otra mujer. Aspectos como tomar más pausas en la carrera profesional y vivir más tiempo son bien entendidos por las mujeres y raramente por los hombres. Por otro lado, hay menos asesoras financieras, por lo que las posibilidades de conseguir una son mucho menores. Por lo tanto, algunas mujeres no logran acceder al mercado financiero porque no tienen suficiente información relevante a su disposición. Si puedes relacionarte con esto, no te preocupes más. Esta guía pondrá a tu disposición todo lo que necesitas saber para que puedas comenzar.

La Brecha de Inversión

La inversión en acciones parece ser territorio de hombres, donde las pocas mujeres que están dentro parecen vulnerables y las que están fuera tienen miedo de entrar. Esto se debe a la brecha de inversión de género. En pocas palabras, la propia brecha de inversión aleja a muchas mujeres. Sin embargo, aquí está la verdad audaz: Tienes la capacidad de manejar inversiones en acciones al igual que cualquier hombre. Todo lo que necesitas son los conceptos básicos que pueden darte un inicio rápido. Además, cuanto más tardes, la brecha de inversión seguirá creciendo y la inversión en acciones parecerá menos factible con el tiempo. Esto significa que ahora es el momento de tomar el riesgo y reducir la brecha de inversión no solo para ti, sino también para las futuras generaciones de mujeres.

El Síndrome del "Temo Perder Mi Dinero"

"Temo perder mi dinero" es una de las respuestas más comunes que dan las mujeres cuando se les pregunta por qué no están invirtiendo. Se aferran a lo que tienen y corren el riesgo de ponerlo en una cuenta de ahorros que, a veces, se deprecia en lugar de aumentar. Es porque tienen miedo de asumir riesgos. Sin embargo, no necesitas ser una temeraria para invertir en acciones. Laurie se define a sí misma como una de las mujeres menos aventureras y más adversas al riesgo (Ikin, 2014). Si crees que eres adversa al riesgo, aquí tienes a una mujer que desafió su naturaleza y comenzó a invertir en acciones. Aquí hay un dato interesante: abstenerte de invertir en acciones y optar por mantener tu efectivo es un riesgo aún mayor porque estás perdiendo literalmente el dinero que estás sosteniendo en tus manos. Invertir en acciones es en realidad una estrategia excelente para reducir el riesgo de perder tu dinero. Le da alas a tu dinero para que pueda volar y multiplicarse.

SEÑALES DE ADVERTENCIA DE QUE NO ESTÁS LISTA

El comercio ganó mucha popularidad en los últimos años. Aunque esta es una buena manera de ganar más dinero, no siempre es un buen momento para invertir. Necesitas estar preparada, incluso mental y emocionalmente. Entonces, ¿cómo sabes que estás lista para invertir? Examinemos algunas de las señales que muestran que no estás lista mientras respondemos las siguientes preguntas.

¿Tienes Tus Prioridades Establecidas?

Tus esfuerzos de inversión deben estar alineados con los demás objetivos que tienes en tu vida. Necesitas tener claridad sobre lo que quieres lograr en la vida y luego establecer tus objetivos y prioridades correctamente. Así, cuando inviertas, tus otros objetivos no sufrirán. Por lo tanto, si aún no has establecido tus prioridades, es una señal de que no estás lista para invertir.

Tómate un tiempo para enumerar tus objetivos, separándolos en metas a corto y largo plazo. Aquí hay ejemplos de objetivos que podrías considerar:

- La educación universitaria de tus hijos

- Tu jubilación

- Una herencia que dejarás a tus herederos

- Avanzar en tu propia educación

- Ahorrar dinero para comprar una casa

- Pagar tus tarjetas de crédito

Ahora que conoces tus objetivos, lo siguiente sería determinar cuándo quieres utilizar el dinero. Mira el plazo para cada objetivo, basado en tus prioridades. Esto te ayudará a decidir cómo invertirás tu dinero. Por ejemplo, si solo necesitarás el dinero después de haberte jubilado, o si tendrás que pagar las cuotas de la educación de tu hijo, entonces la forma en que inviertes será diferente.

Luego debes evaluar tu nivel de tolerancia al riesgo, que mide hasta qué punto puedes aceptar pérdidas si ocurren. Esto es importante porque la inversión en acciones también implica algunos contratiempos y desafíos que es posible que necesites asumir y superar. ¿Cómo te sentirías si perdieras parte de tu inversión hoy? Sé honesta contigo misma para que puedas obtener una realización auténtica de si estás lista o no para invertir. Todo esto te ayudará a tomar decisiones informadas sobre los tipos de inversiones y cuentas de corretaje que se adaptan a tu situación.

¿Tienes Muchas Deudas de Alto Interés?

Las hipotecas con tasas de interés bajas también son deudas, pero es menos probable que te afecten en tus esfuerzos de inversión. Sin embargo, el caso es diferente cuando tienes préstamos personales y deudas de tarjetas de crédito con altos intereses. Esto es una señal de alerta y te recomendamos que esperes hasta que las deudas estén saldadas antes de comenzar a invertir.

Si inviertes cuando tienes deudas de alto interés, es más o menos lo mismo que invertir a corto plazo. Durante ese período relativamente corto, dependerás de especulaciones para hacer crecer tu dinero, lo cual es una manera no recomendada de hacer negocios. Hay altas posibilidades de que termines retirando tu dinero un poco antes de que se acumulen los intereses compuestos. Para entonces, podrías haberte beneficiado solo de algunos intereses simples. El interés simple es una cantidad fija de dinero que se calcula como un cierto porcentaje de tu inversión inicial, que también se conoce como capital. Con el interés compuesto, ganas tu interés simple más fondos adicionales que se calculan como porcentajes de los intereses que ya has generado. Estos fondos adicionales se conocen como el "interés de los intereses" y son lo que tiendes a perder a través de la inversión a corto plazo.

Ahora, seamos más prácticas. Supongamos que estás obligada a pagar un 20% de interés en tu tarjeta de crédito. Si tu inversión te está dando un retorno del 9% en promedio, básicamente no estás obteniendo beneficios de tu inversión porque el interés de la tarjeta de crédito es mucho más alto que tus ganancias. Por lo tanto, la mejor estrategia posible para manejar esto sería trabajar primero en liquidar tus deudas de alto interés. Luego puedes dirigir el dinero que anteriormente usabas para pagar tus deudas hacia la inversión en acciones. De esta manera, tendrás una mejor base que te permitirá disfrutar de los frutos de tus esfuerzos de inversión.

¿Tienes un Fondo de Emergencia?

Las circunstancias inesperadas son parte de la vida, pero representan un problema mayor cuando no estás bien preparada para manejarlas, y peor aún es cuando decides invertir en acciones bajo tales circunstancias. Aquí es donde surge la necesidad de un fondo de emergencia. Sin uno, podrías arriesgarte a incurrir en deudas de tarjeta de crédito mientras intentas cumplir con los requisitos financieros de situaciones imprevistas en la vida. Tal escenario negará tus esfuerzos de inversión, razón por la cual insisto en que no estás lista para invertir mientras no tengas un fondo de emergencia en el que puedas apoyarte.

Una vez que planees invertir en acciones, asegúrate de tener dinero equivalente a tres meses de tus gastos de vida en tu cuenta de ahorros, si tienes un trabajo seguro. Si eres autónoma o tienes una seguridad laboral incierta, considera ahorrar dinero que pueda cubrirte durante seis meses. Este dinero te protegerá cuando surjan necesidades mientras tu dinero está invertido en carteras de inversión.

¿Has Investigado lo Suficiente?

Una investigación exhaustiva te coloca en una posición de estar bien informada antes de comenzar a invertir, de modo que no dependas de suposiciones infundadas y mitos. Por ejemplo, los medios están repletos de información sobre cómo muchas personas que invirtieron en acciones de memes disfrutaron de altos retornos. Una investigación más profunda también te iluminaría sobre el hecho de que hay muchos inversores que perdieron sus inversiones a medida que los valores cayeron exponencialmente. Basándonos en este ejemplo, una pequeña investigación te daría algo de información, lo cual es un buen punto de partida. Más investigación te daría el otro lado de la historia, y esto informa tus decisiones mucho mejor. Con una investigación exhaustiva, llegas a entender los riesgos asociados con la inversión en acciones para que puedas enfrentar mejor los resultados de tus esfuerzos.

No hay nada que puedas hacer para evitar que los valores de las acciones caigan, pero puedes evitar situaciones que puedan mermar tus ganancias a medida que pasa el tiempo. Por ejemplo, puedes evitar pagar tarifas altas en productos de inversión. Para hacer esto, considera usar los servicios de aplicaciones de inversión que te permiten operar en acciones sin tener que pagar comisiones ni mínimos. Webull y Robinhood son buenos ejemplos de tales aplicaciones y hay muchas otras. Investigar más te ayudará a elegir la que mejor se adapte a tu situación. También puede ser necesario investigar los tipos de inversiones para que hagas tus mejores selecciones posibles. También necesitas averiguar los niveles de riesgo de diferentes inversiones. Por ejemplo, las acciones individuales implican riesgos más altos que los ETFs y los fondos mutuos.

Tienes a tu disposición muchos recursos que pueden ayudar en tu investigación. Puedes hacer búsquedas aleatorias en internet, leer libros, asistir a conferencias sobre inversiones o solicitar información a expertos de la industria o a otras personas en quienes confíes. Acercarse a un asesor financiero fiduciario es otra excelente opción, ya que te proporcionarán la información que necesitas. Este libro es un gran recurso para hacer que tu investigación valga la pena porque la información ha sido bien investigada y compilada, así que no necesitarás hacer muchas búsquedas independientes en internet. Profundizaremos más en muchos aspectos que te harán entender mejor el comercio de acciones en capítulos posteriores. Sin embargo, cuanto más investigues, más rica será la información que obtendrás.

COSAS QUE DEBES SABER ANTES DE INVERTIR

Como hemos establecido hasta ahora, el mercado de valores es una buena plataforma para invertir. Esto es cierto cuando comprendes los entresijos del empeño. Necesitas conocer los aciertos y errores que elevan tu probabilidad de ganar más y superar las tendencias inflacionarias. Por ejemplo, si no estás al tanto de cómo elegir en qué acciones invertir, también es posible perder tu dinero. No necesitas invertir al azar. En esta sección, te daremos más consejos que debes tener en cuenta antes de comenzar a invertir.

Asegúrate de Saber en Qué Te Estás Metiendo

Ten en cuenta que el mercado de valores no es solo un escenario donde puedes entrar y salir con mucho dinero. Lo que te inspira a entrar importa tanto como las ganancias en sí. Por ejemplo, la inversión emocional a menudo resulta cuando inviertes porque quieres seguir las tendencias de la moda. Intentar invertir en bolsa basado en razones de presión de grupo también es una idea peligrosa. Te recomendamos que recopiles tanta información como puedas para que comprendas los fundamentos de la inversión en acciones antes de intentarlo. Además, asegúrate de que tus objetivos financieros estén claros antes de invertir.

Comienza Aprendiendo lo Básico

Reflexiona sobre cuánto conoces actualmente acerca del comercio de acciones. ¿Es suficiente para iniciar y sostenerte en el mercado de valores? Es vital que te familiarices con los fundamentos de la inversión en acciones. Como dice el dicho, *"No es un mercado de valores, sino un mercado de acciones"*. Invertir en acciones no es una actividad aislada; es esencial entender los factores que afectan las acciones que eliges, incluyendo la economía en general. Domina la terminología, las reglas, los principios básicos de la inversión y las regulaciones que rigen el mercado. A lo largo de este libro, iremos desglosando estos conceptos básicos para asegurar que construyas una base firme para tu aventura en la inversión en acciones.

Nunca Veas la Inversión en Acciones Como una Máquina de Hacer Dinero

Puede que hayas escuchado sobre muchas personas que hicieron fortunas a través de la inversión en acciones. Eso es cierto y muchos más aún harán millones a través de esta plataforma. Sin embargo, eso no convierte la inversión en acciones en una máquina de hacer dinero que convertirá a todos en millonarios con el tiempo. Es crucial que entiendas que las grandes ganancias que experimentaron algunos inversores en el mercado de valores se debieron a su diligencia en comprender el mercado. Dicho conocimiento influyó en sus decisiones inteligentes y en su disciplina, ambos factores importantes para el éxito en el mercado de valores. Dicho esto, es vital señalar que también hay muchas personas que perdieron sus valiosas inversiones en acciones. Por lo tanto, debes comprender completamente todas las posibilidades antes de comenzar tus inversiones.

Reevalúa Tus Pensamientos Sobre el Apalancamiento

El apalancamiento consiste en el uso de capital prestado, como el obtenido de correderías o bancos, para financiar tus estrategias de inversión. A menudo, se pone demasiado énfasis en los beneficios potenciales del apalancamiento en la inversión en acciones, sin prestar suficiente atención a los riesgos asociados. Si el mercado de valores experimenta una tendencia alcista, es más probable que generes beneficios y puedas devolver el dinero prestado. Sin embargo, la situación se torna adversa si el mercado cae y pierdes los fondos prestados; esto podría resultar en una deuda. Es recomendable utilizar tu propio dinero para invertir en acciones y así evitar los riesgos del apalancamiento.

Limita Tu Inversión a Fondos Excedentes

El riesgo asociado con la inversión en acciones implica que solo debes invertir dinero que estés dispuesto a perder. Si llegaras a perder todo el dinero que hubieras invertido, no te quedarías en la ruina. Es por esto que recomendamos invertir tu excedente, en lugar del dinero que esperas utilizar. Invertir en tu excedente también reduce las posibilidades de la inversión emocional, que puede poner en peligro tu éxito. Otro consejo importante es invertir solo una parte de tu excedente, no todo de una vez.

Elige un Enfoque de Inversión Disciplinado en Lugar de Intentar Predecir el Mercado

En muchas ocasiones, intentar predecir el mercado está vinculado con la pérdida de dinero. Es imposible para una persona estudiar completamente las tendencias de todas las empresas y dominar sus altibajos. De manera similar, los ciclos del mercado de valores son versátiles y usarlos para determinar tus estrategias de inversión es casi imposible. En su lugar, adopta un enfoque de inversión disciplinado donde sistemáticamente inviertas dinero en las acciones correctas y ejerzas paciencia durante largos períodos de tiempo, permitiendo así que tus ganancias se acumulen.

Evita la "Inteligencia del Rebaño"

Cuando observas que todos a tu alrededor están invirtiendo en una determinada acción, puede ser tentador unirse a ellos. Sin embargo, ceder a esta presión puede no ser tan acertado como parece. Si el mercado experimenta un descenso, podrías ver cómo tus inversiones sufren junto con las de los demás. Aquí tienes una norma básica: no inviertas en acciones sobre las cuales no tienes conocimiento. En lugar de eso, realiza un análisis minucioso y toma decisiones de inversión basadas en tus investigaciones. Otro aspecto a considerar es que es preferible invertir en un negocio y no simplemente en una acción. Esto significa que debes investigar la empresa detrás de la acción antes de comprometer tu dinero.

Mantén las Emociones a Raya

Invertir en acciones puede ser un juego emocional, pero eso es cuestión de elección. Cuando las emociones asociadas con el miedo y la avaricia están significativamente involucradas, podrías terminar tomando decisiones que no están bien pensadas, arriesgando así perder tu dinero. Por lo tanto, haz tu mejor esfuerzo para mantener una línea entre tus emociones y las acciones en las que inviertes. Una de las estrategias que puedes emplear para hacerlo es invertir en acciones que conoces y entiendes. Evita invertir en acciones especulativas desconocidas basadas en su éxito pasado. Encuentra formas de evitar entrar en pánico cuando estés en mercados bajistas.

La Diversificación Es Buena, Pero No en Exceso

Algunos dicen: *"No pongas todos tus huevos en una sola canasta."* Esto también se aplica a la inversión en acciones. Crear una cartera de inversiones diversificada es una estrategia eficaz para repartir proporcionalmente el riesgo asociado con la inversión en acciones. De este modo, si el precio de algunas acciones disminuye, las que no se vean afectadas pueden compensar las pérdidas y mantener la estabilidad de tu cartera. Sin embargo, es importante ser consciente de que existe un punto de diversificación excesiva. Sobrepasar este límite puede tener un impacto negativo en el potencial de crecimiento de tu cartera en su conjunto.

Ten Expectativas Realistas

Ser optimista y mantener una mentalidad positiva puede mantenerte motivado. El problema surge cuando cuelgas tus metas financieras de expectativas poco realistas. Por ejemplo, es fácil tener expectativas muy altas cuando inviertes en acciones que previamente estaban generando altos retornos. Aunque es posible que tales grandes ganancias continúen, podrías decepcionarte mucho si sucede lo contrario. Por lo tanto, es mejor mantener tus esperanzas dentro de límites realistas.

COMENZANDO

Según Warren Buffet, invertir es *"renunciar al consumo ahora, para tener la capacidad de consumir más en una fecha posterior"* (Langager, 2019). Esto significa que inviertes una cantidad menor de dinero para hacerla crecer con el tiempo. Veamos cómo puedes comenzar.

Ten en cuenta que las ideas que destacaremos aquí se discutirán más a fondo en capítulos posteriores.

1. Determina tu nivel de tolerancia al riesgo: Aquí, definimos el riesgo como la posibilidad de perder dinero al invertir. Por lo tanto, debes determinar en qué medida puedes tolerar los riesgos. Existen varias categorías de acciones, que incluyen crecimiento agresivo, capitalización grande, valor y acciones de pequeña capitalización. El nivel de riesgo asociado con cada tipo de acción varía. Definir tu nivel de tolerancia al riesgo te ayuda a identificar las acciones que lo complementan.

2. Ten claridad sobre tus objetivos de inversión: ¿Cuáles son tus metas para invertir? Al principio, es posible que desees aumentar el dinero en tu cuenta. A medida que envejeces, generar más dinero y proteger la riqueza que habrías acumulado a lo largo de los años podrían convertirse en tus prioridades. Otros posibles objetivos de inversión incluyen ahorrar para la matrícula universitaria o comprar una nueva casa.

3. Desarrolla un estilo de inversión: Hay dos enfoques principales que la mayoría de los inversores utilizan. En primer lugar, pueden optar por involucrarse activamente en la gestión de sus inversiones. En segundo lugar, configurar su cuenta, invertir y dejar que el dinero crezca. También necesitas decidir qué estrategia funciona mejor para ti. Las preferencias están sujetas a cambios, así que siempre puedes ajustar tus estrategias con el tiempo.

4. Selecciona una cuenta de inversión: Tienes la libertad de elegir la cuenta de inversión que prefieras. Podrías utilizar un plan de jubilación en tu trabajo e invertir en diferentes acciones. Abrir una cuenta individual de jubilación (IRA) es otra opción viable. Otra alternativa es una cuenta de corretaje imponible. Las cuentas IRA y de corretaje imponible vienen con una variedad de opciones para operar en acciones, incluyendo fondos cotizados en bolsa (ETFs), fondos mutuos de acciones y acciones individuales. También tienes la opción de usar una cuenta de robo-advisor, donde se crea una cartera de acciones para ti, basada en los objetivos de inversión que ingresas al abrir la cuenta.

5. Emprende la diversificación y la reducción de riesgos: Como mencione anteriormente, aumentar las acciones en las que inviertes tiende a distribuir el riesgo involucrado. Ten en cuenta que la diversificación también depende de la cantidad de dinero que tienes en tus cuentas. Es difícil diversificar cuando tienes montos más bajos. Por lo tanto, aumentas tu cartera de inversiones a medida que tu dinero crece. De esta manera, si una de tus acciones no genera beneficios, aún puedes tener ganancias de las otras en tu cartera.

En resumen, este capítulo ha desmentido los mitos comunes y ha abordado la ignorancia que frecuentemente desalientan a las mujeres de tomar la iniciativa en las inversiones. He explorado las diversas causas que pueden inhibir tu interés en invertir, incluyendo el miedo a las pérdidas. A través de esta discusión, he intentado mostrarte por qué eres la candidata ideal para comenzar a invertir, siempre que estés adecuadamente preparada. He destacado indicadores clave para reconocer si aún no estás lista para dar este paso. Pero, una vez que te sientas equipada para enfrentar este reto, entender cómo empezar es esencial. Con el conocimiento básico de la inversión en acciones que he proporcionado, el siguiente capítulo profundizará en los conceptos aquí introducidos, ofreciéndote una comprensión más detallada del funcionamiento del mercado de valores.

PASO 1

ENTENDIENDO CÓMO FUNCIONA EL MERCADO DE VALORES

Las investigaciones sobre la psicología de los inversores han revelado que la mayoría tiende a recordar con mayor claridad las ocasiones en que sus inversiones no rindieron como esperaban, en comparación con las veces que tuvieron éxito en el mercado. Pueden recordar este último por un tiempo, pero una vez que pierden su dinero por cualquier motivo, ese trauma tiende a persistir e influir en sus decisiones. De manera similar, los inversores a veces ignoran los errores que cometieron en su trayectoria de inversión. Podría ser que alcancen una sobreconfianza alimentada por una historia distorsionada que tienen en su mente, debido a los factores que acabamos de describir en esta sección. Esto no solo conduce a decisiones irracionales, sino también emocionales que pueden hacer que experimenten más caídas mal manejadas del mercado de valores. Por supuesto, esta es la historia de inversores que han tenido alguna experiencia en la inversión en acciones, pero como candidata para este negocio, es bueno abrir los ojos a la realidad de lo que sucede en el mercado de valores.

La información proporcionada en este capítulo te salvará de cometer errores evitables que podrían costarte tu fortuna. Ahora que sabes que el mercado de valores no está exento de altibajos, siempre puedes volver a los conceptos básicos de este capítulo para manejar situaciones y avanzar. Esto, junto con la experiencia que obtendrás al invertir, te llevará hacia tu éxito. A continuación exploraremos los conceptos básicos del mercado de valores, cómo funciona, una breve historia y consejos valiosos antes de invertir.

¿CÓMO FUNCIONA?

Independientemente de si te sientes inspirada por las historias de éxito que compartí anteriormente o intimidada por las pérdidas de otros, la realidad es que invertir conlleva riesgos significativos. Además, es completamente normal sentirse así; muchas otras mujeres comparten estas mismas emociones. En esta sección, te proporcionaré información clara sobre cómo funciona la inversión en acciones, para que no tengas que basarte solo en conjeturas o rumores sobre lo que realmente ocurre en el mercado de valores.

¿Qué es una Acción?

Una acción es un título financiero que simboliza una parte proporcional de la propiedad en la empresa que la emite. Al poseer una acción, adquieres automáticamente un derecho proporcional sobre los activos y las ganancias de dicha empresa. Ten en cuenta que los activos son lo que la empresa posee, mientras que las ganancias son los beneficios que generará.

Las acciones también se conocen como capital o participaciones. Por lo tanto, al comprar acciones en cualquier organización, te conviertes en accionista de esa empresa. Dependiendo del número de acciones que poseas, obtienes acceso a una fracción proporcional de los activos y ganancias de la empresa, del total de acciones en circulación. El término "acciones en circulación" se utiliza para referirse a todas las acciones que son propiedad de los diferentes accionistas de una organización. En realidad, muchas empresas tienen acciones en circulación que llegan a miles de millones. Sin embargo, digamos que compras 300,000 acciones en una empresa cuyas acciones en circulación son nueve millones, entonces tu participación en la propiedad sería del 3.33%.

Tipos de Acciones

Las acciones disponibles para comprar se presentan en dos formas principales: acciones comunes y acciones preferentes. La diferencia más significativa entre estos dos tipos es que las acciones comunes otorgan derechos de voto, permitiéndote como accionista participar en la toma de decisiones durante las elecciones y reuniones corporativas. Las acciones preferentes, por otro lado, no confieren derechos de voto. A continuación, profundizaremos en las diferencias entre las acciones comunes y las preferentes.

Acciones Comunes

El término "capital" se usa a menudo para referirse a las acciones comunes debido a los mayores volúmenes de negociación y valor de mercado involucrados en comparación con las acciones preferentes. Cuando hablamos de volúmenes de mercado, nos referimos a todas las acciones que se intercambian entre vendedores y compradores de un valor, dentro de los límites de las horas de negociación de un día determinado. Generalmente, a mayores volúmenes de negociación se asocia más liquidez. Basándonos en este hecho, el comercio de acciones comunes está vinculado con más liquidez debido a los altos volúmenes de negociación que suelen estar involucrados.

Normalmente, los derechos de voto asociados con las acciones comunes son tales que cada acción representa un voto. Sin embargo, hay organizaciones que tienen sistemas duales o múltiples donde los derechos de voto se distinguen en base a clases creadas. Por ejemplo, a la Clase A se le puede permitir ejecutar 15 votos por acción, la Clase B puede tener 10 votos por acción, mientras que a la Clase C se le puede restringir a un voto por acción. Las estructuras de acciones que diferencian los derechos de voto de los accionistas están destinadas a otorgar más poder de decisión a ciertos individuos, generalmente los fundadores de la empresa.

Acciones Preferentes

Los individuos que poseen acciones preferentes tienen prioridad sobre los accionistas comunes en cuanto a la recepción de activos y dividendos en el caso de que la empresa emisora se liquide. Esta idea de priorización explica por qué estas acciones se denominan "preferentes". En el mundo de las finanzas y la economía, la liquidación describe un estado en el que el negocio y sus activos se distribuyen a los reclamantes.

¿POR QUÉ LAS EMPRESAS EMITEN ACCIONES?

Una de las principales razones por las que las empresas venden acciones es la necesidad de crecer. Todos los esfuerzos para hacer crecer una empresa eventualmente requerirán una gran suma de capital para contratar empleados, alquilar una oficina y publicitar, entre otras cosas. Ten en cuenta que este proceso de inyectar capital en el negocio no es un evento único. Necesita hacerse durante un largo período de tiempo, incluso hasta muchos años antes de que el negocio pueda alcanzar su pleno impulso. La mayoría de los gigantes empresariales que probablemente admiras hoy comenzaron como pequeñas empresas que crecieron con el tiempo. ¡Considera el caso de Facebook! Empezó como una idea en la mente de Mark Zuckerberg y se materializó en un pequeño proyecto en su dormitorio de la Universidad de Harvard. Esto ocurrió en 2004, y ahora mira dónde se encuentra Facebook. Por lo tanto, es común que las empresas emergentes, inspiradas por este tipo de crecimiento, ofrezcan acciones al público para poder expandirse a un ritmo sostenible.

Incluso entonces, podrías preguntarte, *"¿Por qué las empresas consolidadas emiten acciones, teniendo en cuenta que el crecimiento podría no ser su enfoque principal?"* Pronto abordaré esta pregunta. Por ahora, es relevante mencionar que las empresas emiten acciones para obtener capital y para que sus acciones sean listadas en la bolsa de valores.

Las Empresas Pequeñas Necesitan Capital

Hay dos formas principales a través de las cuales una empresa pequeña puede recaudar capital. Estas son financiamiento por capital y financiamiento por deuda. El financiamiento por capital implica vender acciones para recaudar más dinero para hacer crecer el negocio. Con el financiamiento por deuda, la empresa toma dinero prestado para mantenerse en marcha hasta que se establezca. En muchos casos, el financiamiento por deuda es un desafío para las empresas emergentes, considerando que podrían no tener suficientes activos para garantizar la cantidad del préstamo que desean obtener. Esta situación es peor en sectores que requieren maquinaria grande y costosa, como es el caso de la biotecnología. Adicionalmente, los intereses que se acumulan de los préstamos pueden ser demasiado pesados para la empresa emergente de asumir, ya que sus ganancias aún estarán del lado más bajo. Todo esto, por lo tanto, hace que el financiamiento por capital sea la mejor opción posible para las empresas de nueva creación.

Con el financiamiento por capital, los dueños de la empresa pueden comenzar buscando fondos de ahorros personales, amigos, familiares y parientes. Esto les da la base para empezar, pero tarde o temprano necesitarán más dinero a medida que las demandas del negocio aumenten. Es entonces cuando las empresas emergentes pueden ver la necesidad de acercarse a las firmas de capital de riesgo e inversionistas ángeles. Los inversionistas ángeles son individuos solitarios con un alto patrimonio neto que están dispuestos a invertir dinero en tu negocio, a cambio de una parte de la propiedad de una empresa. Las firmas de capital de riesgo hacen lo mismo que los inversionistas ángeles. La diferencia es que las firmas de capital de riesgo son organizaciones como bancos; no son individuos.

Las Empresas Establecidas Requieren una Mayor Cotización de Acciones

Las empresas establecidas tienen más probabilidades de obtener ganancias en sus operaciones diarias. Sin embargo, puede llegar un punto en el que la empresa necesite más capital del que sus rendimientos pueden soportar. Incluso los préstamos tradicionales podrían no ser suficientes en tales casos. Por lo tanto, la empresa puede optar por participar en una oferta pública inicial (IPO, por sus siglas en inglés) para poder vender sus acciones al público. Una IPO describe el procedimiento mediante el cual una empresa pública ofrece acciones al público en general por primera vez. Este proceso expone el negocio a más personas dispuestas a poseer acciones de lo que sería si hubiera permanecido como una corporación privada. De esta manera, el negocio amplía su base de capital.

Por lo tanto, la IPO tiene un valor fijo durante un cierto período de tiempo y es diferente para cada empresa. Los precios comenzarán a cambiar tan pronto como las acciones de la empresa se coticen en una plataforma de bolsa de valores. Esto se debe a que los comerciantes e inversores estarán evaluando progresivamente el valor intrínseco de la empresa.

ENTENDIENDO LA BOLSA DE VALORES

El término "bolsa de valores" describe un mercado secundario donde los accionistas de las empresas pueden iniciar transacciones con posibles compradores. Para ayudarte a entender lo que es una bolsa de valores, vamos a explicar más detalladamente lo que es un mercado secundario. Un mercado secundario es una plataforma donde los individuos compran y venden valores que ya poseen. Muchas personas confunden el mercado secundario con el mercado de acciones.

Ten en cuenta que las empresas cotizadas en los mercados de valores no siempre compran y venden sus acciones. Procedimientos como la emisión de nuevas acciones y la recompra de acciones no se realizan todos los días. Incluso cuando tienen lugar, podrían ser fuera de los límites de la bolsa de valores. Lo que todo esto significa es que cada vez que compras acciones en el mercado de valores, no estás tratando directamente con la empresa involucrada. En cambio, estarás comprando a otro accionista de esa empresa. Lo mismo se aplica cuando vendes tus acciones. No las vendes a la empresa, sino a otro accionista. Esto probablemente explica por qué el proceso se denomina bolsa de valores. Los accionistas intercambian acciones entre sí, pero a través del mercado de valores.

Explorando la Historia de la Bolsa de Valores

Los mercados de valores se remontan a principios de los siglos XVI y XVII, en Europa. En ese momento, estaban principalmente limitados a centros comerciales o ciudades portuarias que incluían Londres, Amberes y Ámsterdam. El intercambio de acciones que tuvo lugar en los mercados tempranos era más como intercambios de bonos, considerando que las empresas de esa época no ofrecían capital. Esto se debía en parte a que la mayoría de estas empresas debían ser autorizadas por sus gobiernos para hacer negocios. Por lo tanto, se administraban como organizaciones semipúblicas.

El mercado de valores comenzó a ganar popularidad en América hacia finales del siglo XVIII. De hecho, el crédito por la primera bolsa de valores de América le corresponde a la Bolsa de Filadelfia (PSE), aunque la Bolsa de Nueva York (NYSE) también se hizo muy conocida ya que permitía la negociación de acciones de capital. Al principio, los intercambios eran informales ya que los comerciantes solían reunirse en Wall Street, bajo un árbol de buttonwood, para comprar y vender acciones entre ellos. Sus intercambios se formalizaron en 1792, cuando se fundó la NYSE, junto con la firma del Acuerdo Buttonwood, que involucró a 24 comerciantes y corredores de bolsa de la ciudad de Nueva York.

La bolsa de valores en la era moderna está asegurada por muchas regulaciones que garantizan la seguridad de los inversores y sus inversiones. Los accionistas tienen confianza en que el negocio es más estandarizado, lo que lo hace más justo para todos. Tanto los precios como los plazos en los que se completan las transacciones se rigen con equidad y un profesionalismo aumentado. Las bolsas de valores ya no están tan limitadas como lo estaban en la historia. Actualmente, hay muchas bolsas de valores que se encuentran en los Estados Unidos, sin hablar de otras que están repartidas por todo el mundo. Independientemente de su ubicación, las bolsas de valores han adoptado la tecnología avanzada que las vincula entre sí. Las ventajas que vienen con esta tecnología son: mayor eficiencia y liquidez mejorada.

Los Mercados Over The Counter (OTC)

Mientras que la bolsa de valores está altamente regulada, algunos mercados OTC que existen no tienen tal garantía. Los OTC están asociados con mayores riesgos porque se destacan empresas que no cumplen con los requisitos de cotización de las bolsas más grandes. Además, se puede requerir que las empresas operen durante un cierto período de tiempo antes de que puedan ser consideradas para la cotización. Puede haber puntos de referencia establecidos con respecto al valor y la rentabilidad de la empresa para que pueda ser listada.

La regulación de la bolsa de valores, especialmente en los países desarrollados, está gobernada por organizaciones autorreguladoras. Dichas organizaciones son no gubernamentales y retienen la autoridad para crear regulaciones y hacerlas cumplir. Algunas de estas organizaciones reguladoras incluyen la Autoridad Reguladora de la Industria Financiera (FINRA, por sus siglas en inglés) y la Asociación Nacional de Corredores de

Valores (NASD, por sus siglas en inglés). Su presencia asegura que la igualdad y la ética se mantengan, en un esfuerzo por proteger a los inversores, tanto a los antiguos como a los nuevos.

PERSPECTIVAS SOBRE LOS PRECIOS DE LAS ACCIONES

Los precios de las acciones en el mercado de valores se establecen a través de varias estrategias. Uno de estos métodos es la subasta, donde los accionistas colocan ofertas y demandas por los precios a los cuales están dispuestos a comprar o vender acciones. El precio al que alguien quiere comprar una acción es lo que nos referimos como la oferta. La demanda, que también se llama precio de venta, es el precio al que uno está dispuesto a vender acciones. Luego se realiza una operación en el punto donde la oferta y la demanda coinciden.

Podrías darte cuenta entonces de que los cambios de precio se experimentan durante cada día de negociación. Esto se debe a que los comerciantes e inversores de todo el mundo tienen diferentes percepciones con respecto a los valores de acciones específicas. Estas opiniones variadas influyen en sus precios de oferta y demanda. A medida que miles, si no millones, de precios de venta y compra entran en el mercado, las fluctuaciones de precios están destinadas a ocurrir.

La bolsa de valores empareja a vendedores y compradores de acciones, iniciando así una operación. Puede que necesites un corredor de bolsa para ayudarte a acceder a estos mercados. Esto no solo se aplica a las mujeres, sino a toda persona promedio. El corredor de bolsa asumirá el papel de intermediario entre los compradores y vendedores de acciones. Para conseguir uno, simplemente tienes que crear una cuenta con un corredor minorista que sea reputado y esté bien establecido.

La Ley de la Oferta y la Demanda en el Mercado de Valores

Los precios de las acciones están muy influenciados por la ley de la oferta y la demanda. La regla general es que cada transacción ciertamente involucra a un comprador y un vendedor. Si en un momento dado, hay más accionistas dispuestos a comprar una acción que aquellos que quieren venderla, el precio de la acción subirá. Utilizando la misma regla, los precios de las acciones bajan cuando hay más vendedores que compradores.

Para evaluar mejor los precios de las acciones, necesitas saber cómo interpretar el diferencial bid-ask (oferta y demanda). Este es la diferencia entre los precios de oferta y demanda. Básicamente, el diferencial bid-ask te proporciona información sobre el precio más alto al que un comprador está dispuesto a comprar la acción y el precio más bajo que está siendo ofrecido por el vendedor.

Para que se realice una transacción, o bien el comprador acepta el precio de venta ofrecido o el vendedor acepta el precio de oferta. En el caso de que haya más compradores que vendedores, los compradores podrían tener que aumentar sus ofertas para obtener la acción —recuerda la ley de la oferta y la demanda. Cuando hay más vendedores que compradores, los precios de las acciones se reducen, por lo que los primeros podrían tener que aceptar precios más bajos.

Emparejamiento de Compradores y Vendedores

En algunos casos, compradores y vendedores podrían necesitar comerciantes profesionales para conectarlos entre sí. Esto se debe a que podría ser difícil para ellos vincularse por su cuenta, de ahí la necesidad de un intermediario, a quienes también se les conoce como creadores de mercado o especialistas. Estos profesionales facilitan el comercio de una acción dada.

Los creadores de mercado emparejan compradores y vendedores basándose en los diferenciales bid-ask. Por ejemplo, cuando el diferencial es estrecho y se involucran grandes cantidades de acciones, esto implica que la acción es más líquida. Además, si hay muchos compradores y vendedores disponibles a precios más altos y más bajos, respectivamente, el mercado se describe como que tiene una buena profundidad. La profundidad del mercado se define como la medida en que un mercado puede absorber grandes órdenes sin causar un cambio significativo en el precio del valor. Por lo tanto, una buena profundidad asegura precios más estables durante un cierto período de tiempo.

BENEFICIOS ASOCIADOS CON LA COTIZACIÓN EN LA BOLSA DE VALORES

Casi todas las empresas, incluso las emergentes, esperan con ansias el momento en que estarán cotizadas en una bolsa de valores. La mayoría de ellas apunta a estar listadas en las bolsas de valores más reputadas como Nasdaq y NYSE. Esto se debe a los beneficios que conlleva el esfuerzo, y estos incluyen lo siguiente:

- A medida que aumenta el número de acciones que la empresa emite, asume una mejor posición para recaudar más fondos.

- Las empresas pueden usar acciones cotizadas como moneda para realizar adquisiciones que se pagan parcial o totalmente en acciones. Una adquisición es un escenario en el que una organización compra una parte mayor o todas las acciones de otra empresa, con el objetivo de acceder finalmente a más control sobre ella.

- Cuando una empresa está cotizada en una bolsa de valores, se asegura la liquidez de las acciones que poseen sus accionistas.

- La cotización en bolsa es una herramienta de marketing viable para muchas empresas. Esto significa que la empresa ganará una visibilidad considerable en el mercado simplemente por estar cotizada en la bolsa de valores.

- Cuando una empresa emite acciones que son públicamente negociables, planificar opciones de acciones para atraer a empleados talentosos se vuelve mucho más fácil.

DESAFÍOS ASOCIADOS CON LA COTIZACIÓN EN LA BOLSA DE VALORES

Si bien hay muchos beneficios vinculados a la cotización en la bolsa de valores, este esfuerzo no está exento de sus propios inconvenientes. Estas desventajas podrían ser en parte las razones por las que el número de empresas públicamente negociadas cayó de más de 8,000 en 1996 a 4,300 para el año 2017 (Brorsen, 2017; CEIC, s.f.). Aquí hay algunos de los desafíos:

- Cotizar una empresa en la bolsa de valores conlleva costos considerables. Ejemplos de tales costos incluyen los de reporte y cumplimiento, además de las tasas de cotización.

- El enfoque a largo plazo de la estrategia corporativa de una empresa tiende a ser descuidado hasta cierto punto. Esto se debe a que las empresas se centrarán más en superar sus estimaciones de ganancias trimestrales, basadas en los objetivos a corto plazo de la mayoría de los inversores.

- La bolsa de valores está altamente regulada. Si bien esto es bueno para proteger a todos los inversores y crear una plataforma justa para la compra y venta de acciones, las estrictas regulaciones pueden terminar afectando negativamente la capacidad de una empresa para hacer negocios.

INVERSIÓN EN ACCIONES

Las investigaciones han demostrado que las acciones tienden a generar más retornos de inversión que cualquier otra clase de activos. Cuando hablamos de retornos, nos referimos a la cantidad de dinero que ganaste o perdiste en un período de tiempo dado, después de invertir. Los dividendos y las ganancias de capital son las principales fuentes de retornos de las acciones. Con las ganancias de capital, vendes una acción a un precio más alto que tu precio de compra original para obtener beneficios. Por otro lado, cuando la empresa que emite acciones obtiene beneficios, distribuirá parte de estas ganancias a sus accionistas. Estas partes de las ganancias son lo que se llama dividendos. Hay muchas maneras que se utilizan para categorizar las acciones, aunque la clasificación por capitalización de mercado y por sector son las más comunes. En esta sección, profundizaremos más en estos dos métodos de clasificación.

Capitalización de Mercado

La capitalización de mercado describe el valor total de mercado de las acciones en circulación de una organización. Para calcular el valor de mercado, multiplicas el número de acciones en circulación por el precio actual de mercado de una acción. Evaluar si la capitalización de mercado de una empresa es grande, mediana o pequeña depende del mercado. Sin embargo, en general, las empresas cuya capitalización de mercado supera los $10 mil millones se consideran organizaciones de gran capitalización. Si la capitalización de mercado de una organización está entre $2 mil millones y $10 mil millones, la empresa se clasifica como mediana (mid-cap). Las organizaciones pequeñas (small-cap) tienen un valor de al menos $250 millones hasta $2 mil millones.

Sectores

Para clasificar las acciones por sectores, se utiliza el Estándar Global de Clasificación Industrial (GICS, por sus siglas en inglés) para la homogeneización. Esta herramienta se utiliza para capturar y evaluar la amplitud, evolución y profundidad de los sectores industriales. El GICS tiene cuatro niveles que incluyen 11 sectores:

1. Salud

2. Servicios públicos

3. Cuidado de la salud

4. Industriales

5. Servicios de comunicación

6. Bienes raíces

7. Energía

8. Finanzas

9. Consumo discrecional

10. Tecnologías de la información

11. Bienes de consumo básicos

Es importante destacar que "Salud" y "Cuidado de la salud" parecen estar duplicados en la lista proporcionada. Normalmente, el GICS incluye solo uno de estos términos, "Cuidado de la salud", como uno de sus sectores.

ÍNDICES DEL MERCADO DE VALORES

Los índices del mercado de valores son precios agregados de un grupo de diversas acciones. Considerando que los índices incluyen diferentes acciones, cada una de ellas afectará el movimiento del índice del mercado de valores. Por lo tanto, el movimiento neto del índice refleja las tendencias de las acciones involucradas. Así, con solo mirar el índice del mercado de valores, deberías poder tener una idea general del desempeño del mercado de valores. Esto podría no ser tan específico, pero los índices se convierten en un punto de referencia de qué esperar del mercado. Ejemplos de índices del mercado de valores incluyen el S&P 500 y el Promedio Industrial Dow Jones (DJIA).

El DJIA es un índice basado en precios, pero la desventaja es que solo involucra a 30 grandes organizaciones estadounidenses. Esto significa que este índice se centra en solo 30 acciones cuando hay miles disponibles en el mercado. Esto hace que este índice no sea un buen indicador de lo que está sucediendo en el mercado de valores. Por otro lado, el índice S&P 500 se basa en la capitalización de mercado e involucra a 500 grandes empresas de EE. UU. Este índice incluye un mayor número de organizaciones, lo que lo hace más válido como indicador del estado del mercado de valores.

Aquí hay más ejemplos de índices del mercado de valores que ya existen:

- CSI 300 Index (China)

- TSX Composite (Canadá)

- Nasdaq Composite

- CAC 40 Index (Francia)

- Índices Russell (Russell 1000, Russell 2000)

- Nikkei 225 (Japón)

- Dax Index (Alemania)

MÁS SOBRE LA BOLSA DE VALORES

Anteriormente, ampliamos la información sobre qué son las bolsas de valores y cómo operan. En esta sección, te daremos más información que ayuda a entender aún más la bolsa de valores.

En el momento en que una empresa realiza su oferta pública inicial (IPO), la acción se vuelve disponible y accesible en el mercado de la bolsa de valores. Cuando la empresa vende sus acciones al público en general por primera vez, basándose en las reglas de una IPO, esto se conoce como el mercado primario. Entonces, cuando la empresa emisora vende directamente sus acciones al público, el término "mercado primario" se aplica. Una vez que las acciones han sido compradas y los accionistas están en posición de comerciar las acciones entre ellos, esto se convierte en un mercado secundario.

Intercambio de Subasta

Como mencioné anteriormente, los intercambios de subasta son plataformas donde los compradores y vendedores tienen la posibilidad de ofertar y demandar los precios de compra y venta de manera competitiva. Algunos prefieren referirse al intercambio de subasta como el sistema de grito abierto ya que tanto los compradores como los vendedores tienen voz. En este sistema, los comerciantes y corredores pueden interactuar verbal y físicamente en el foso o suelos de comercio, para vender y comprar valores. A pesar de que el sistema de intercambio de subasta está siendo gradualmente reemplazado por el sistema electrónico, intercambios como la Bolsa de Valores de Nueva York (NYSE), que es la bolsa de valores más grande del mundo, son bien conocidos. La NYSE es famosa por la Subasta de Cierre de la NYSE, que es el último evento que tiene lugar en la bolsa cada día. Los estudios han determinado que aproximadamente 223 millones de acciones se negocian durante la Subasta de Cierre de la NYSE, lo que hace de este momento el más ocupado de todos los tiempos del día (Harper, 2020).

Intercambio Electrónico

Cuando no hay interacciones verbales o físicas involucradas durante la negociación, esto se convierte en un intercambio electrónico. En un intercambio electrónico, no es necesario que los comerciantes se reúnan en una ubicación específica y centralizada. En comparación con los intercambios tradicionales, particularmente los de subasta, los intercambios electrónicos son mucho más eficientes y rápidos. Como resultado, miles de millones de transacciones pueden completarse en un día a través del intercambio electrónico, lo cual es imposible con los intercambios tradicionales.

Un buen ejemplo de un intercambio electrónico de renombre es el Nasdaq. Esta plataforma se describe como "basada en pantalla" porque la conexión entre compradores y vendedores es a través de redes de telecomunicaciones en computadoras. Esencialmente, los compradores y vendedores publican sus ofertas y demandas de precios. La gobernanza y los requisitos de cotización en Nasdaq son similares a los de la NYSE. En ambos casos, el precio mínimo para una acción es de $4. En el momento en que una empresa no logra mantener los requisitos establecidos, se inicia el proceso de deslistarlos a un mercado OTC.

Redes de Comunicación Electrónica

Las redes de comunicación electrónica (ECN) son plataformas que permiten a los compradores y vendedores conectarse directamente. La Red Electrónica de Transferencia Interbancaria de Nasdaq es un buen ejemplo de una ECN. Con las ECN, es posible evitar un creador de mercado. Algunas de las ECN también vienen con costos de transacción más bajos porque son realmente competitivas contra los intercambios tradicionales. Las ECN son comúnmente utilizadas por inversores institucionales que invierten grandes cantidades de dinero en nombre de otros inversores. Los gerentes de fondos de pensiones son buenos ejemplos de inversores institucionales. Ten en cuenta que es posible que los inversores minoristas operen en ECN, aunque esto es menos probable.

Plataformas de Bolsa de Valores

Aquí hay una lista de bolsas de valores que podrías considerar:
- Bolsa de Valores de Shanghái (SSE)

- Bolsa de Valores de Shenzhen (SZSE)

- Bolsa de Valores de Londres (LSE)

- Bolsa de Valores de Nueva York (NYSE)

- Bolsa de Valores de Tokio (JPX)

- Bolsa de Valores de Bombay (BSE)

- NASDAQ

OTC (Mercados Over The Counter)

Recuerda que los OTC son diferentes de los otros mercados que hemos estado discutiendo. En estos mercados, es más probable que encuentres pequeñas empresas que habrían sido degradadas de otros intercambios por no cumplir o mantener los requisitos estipulados.

Los OTC están asociados con más riesgos porque hay algunas empresas altamente competitivas que operan allí. Aunque esta plataforma parece más conveniente para pequeñas empresas, hay grandes empresas que se cambiaron deliberadamente a ellas. Sus razones para hacer esto son principalmente la necesidad de reducir la carga administrativa que viene con la cotización en bolsas de valores como Nasdaq. Estas empresas también evitan los altos costos de las leyes de supervisión regulatoria. La presencia de tales empresas hace que las cosas sean un poco más difíciles para las empresas más pequeñas.

Las acciones penny, que se negocian a tasas inferiores a \$5 por acción, se negocian principalmente en el mostrador (counter). Por lo tanto, si no tienes suficiente experiencia en el trato con estas acciones, el comercio OTC puede ser un desafío. Los OTC existen en dos formas, que son el OTCBB y Pink Sheets.

- **OTCBB:** El OTCBB ya no existe, ya que fue cerrado en 2021. Durante su existencia, el OTCBB era una plataforma electrónica para creadores de mercado. Principalmente era un hogar para empresas que fueron deslistadas de Nasdaq. La mayoría de las pequeñas empresas serían elegibles para el OTCBB porque no había estipulaciones específicas para los requisitos cuantitativos que deben cumplirse antes de que una empresa sea listada.

- **Hojas Rosadas:** Con las hojas rosadas, no se requiere que las empresas estén registradas en la Comisión de Bolsa y Valores (SEC). Las empresas que están listadas bajo hojas rosadas no necesitan llenar el Formulario 10-Q de la SEC, que informa de manera exhaustiva su desempeño financiero después de cada tres meses del año. También es vital tener en cuenta que la liquidez es bastante baja cuando tu empresa está listada bajo Hojas Rosadas.

VOLATILIDAD

¿Qué significa cuando decimos que *"el mercado es volátil"*? La volatilidad del mercado de valores es una medida de la extensión de las fluctuaciones en el valor general del mercado. Normalmente, la volatilidad del mercado es el resultado de los cambios en los valores de las acciones individuales. Cada acción tiene un valor promedio. Cuando el valor de una acción se desvía del precio promedio, esto es una medida de la volatilidad. En términos simples, la volatilidad puede describirse como la desviación estándar del precio de una acción.

La volatilidad de las acciones depende en gran medida de lo que está sucediendo en el mundo exterior. Cuando hay mucha incertidumbre, la probabilidad de que la volatilidad aumente es relativamente alta. Por ejemplo, cuando el COVID-19 golpeó al mundo, nadie estaba seguro de lo que iba a suceder. Como resultado, los índices de acciones cayeron más del 5% cada día (Greene, 2020). Esto se debió a las incertidumbres que todos, incluidos los comerciantes, causaron al comprar y vender acciones frenéticamente. Cabe destacar que los índices de acciones normalmente no cambian más del 1% bajo circunstancias normales.

Ahora, en en cuenta que no hay una volatilidad estándar para todas las acciones. Esto significa que cada acción tiene una volatilidad diferente. Supongamos que hay grandes cambios de precio en las acciones de una empresa blue-chip, mientras que no hay fluctuaciones en las acciones de tecnológicas de alto rendimiento. Interpretar esto en términos de volatilidad significaría que la volatilidad de las acciones de la empresa blue-chip es menor que la de las acciones tecnológicas de alto rendimiento.

En muchas instancias, los aumentos en la volatilidad tienden a asociarse con el miedo. Esto tiene sentido considerando las incertidumbres que a menudo acompañan a los períodos de alta volatilidad. Es importante señalar que la volatilidad no mide la dirección en la que el cambio de precio se dirige. Podría ser en una dirección ascendente o descendente, pero la volatilidad simplemente te mostrará cuán grande o pequeño es el cambio. Una forma más precisa de pensar en la volatilidad es verla como una medida de la incertidumbre a corto plazo.

La volatilidad existe en dos formas, que son la histórica y la implícita. La volatilidad histórica evalúa las fluctuaciones pasadas en el precio de una acción en el pasado. La volatilidad implícita es una medida de los cambios esperados en los precios de una acción en el futuro.

¿Cómo Medir la Volatilidad del Mercado?

La medición de la volatilidad de acciones individuales se basa en la métrica beta. Esta métrica evalúa la volatilidad histórica de una acción, como un factor del índice S&P

500. En relación con el índice S&P 500, una beta que es superior a uno muestra que el movimiento de la acción es más que el índice S&P 500. Si es menos de uno, entonces las fluctuaciones son relativamente bajas. En los raros casos donde el valor beta es negativo, esto significa que la tendencia de la acción es opuesta a la del índice S&P 500.

El Índice de Volatilidad de la Junta de Opciones de Chicago (CBOE), que también se llama VIX, se utiliza para medir la volatilidad implícita para los próximos 30 días. El VIX también es conocido comúnmente como el indicador de miedo. Esto se debe a que su aumento podría ser un reflejo de grandes cambios en la bolsa de valores en los próximos días o semanas. No necesitas preocuparte por calcular el VIX porque el proceso es complicado. Todo lo que necesitas saber es interpretar el aumento y la disminución de este índice.

¿Es Importante Conocer la Volatilidad del Mercado?

Cuando conoces la volatilidad y cómo interpretarla, tendrás una mejor visión de cómo se ve el mercado. Como resultado, puedes tomar mejores decisiones basadas en el entendimiento que tienes sobre la volatilidad. Cabe destacar que la volatilidad te ayuda a evaluar los riesgos involucrados en las acciones con las que estás tratando. Tal conocimiento facilita la creación de una cartera que coincida con tus necesidades de crecimiento, habiendo evaluado adecuadamente los riesgos y el valor de mercado.

Este capítulo ha sentado las bases que te ayudan a entender la inversión en acciones y algunos de los jergones técnicos que se utilizan. Hablamos sobre acciones y la bolsa de valores en profundidad, ya que estos son los conceptos principales en torno a la inversión en acciones. El capítulo terminó explorando la volatilidad y cómo interpretarla correctamente. Con todo esto en mente, necesitas estar segura sobre el tipo de inversión que mejor se adapta a ti. Esto es lo que aprenderás en el próximo capítulo.

PASO 2

ELEGIR TU TIPO DE INVERSIÓN

"No intento saltar barras de siete pies; busco aquellas que apenas tienen un pie de altura y que puedo cruzar fácilmente."

Warren Buffet

La manera en que inviertes es tan crucial como el tipo de inversión que seleccionas. Basándote en tus necesidades y metas financieras, algunas inversiones serán más adecuadas que otras. Y no solo eso, sino que algunas pueden ser más sencillas y rentables que otras. Por tanto, al final del día, la decisión es tuya: si prefieres saltar barras de siete pies o identificar las que tienen un pie de altura que puedes cruzar con facilidad en tu camino al éxito. El propósito de este capítulo es ofrecerte una visión clara sobre los distintos tipos de inversiones disponibles, así como brindarte la orientación necesaria para elegir la más conveniente para ti. La realidad es que puedes ser exitosa invirtiendo, pero solo si te enfocas en las inversiones adecuadas.

TIPOS DE INVERSIONES EN ACCIONES

La amplia gama de opciones de inversión puede resultar abrumadora para los inversores, especialmente para los principiantes, a la hora de decidir cuáles incorporar a sus carteras. No hay inconveniente en buscar la asistencia de un asesor financiero para ayudarte a tomar decisiones informadas. Entre las opciones de inversión más comunes que probablemente encuentres se incluyen: acciones, bonos, fondos mutuos, fondos cotizados en bolsa (ETFs), planes de jubilación, certificados de depósito (CDs), anualidades, opciones, criptomonedas y materias primas.

Invertir en Acciones Individuales

Para este momento, probablemente entiendas que los términos "acción" y "participación accionaria" son sinónimos. Ambos se refieren a un valor que equivale a la propiedad de una cierta fracción de la empresa emisora. Las acciones son unidades de stock y estas otorgan a quienes las poseen, el derecho a una cierta fracción de los activos y beneficios de la compañía.

Las acciones pueden ser ordinarias o preferentes. El propietario de acciones ordinarias tiene la ventaja de poder votar en las juntas de accionistas y también puede recibir dividendos que son pagados por la empresa emisora. En contraste, los propietarios de acciones preferentes no tienen derechos de voto.

Curiosamente, los propietarios de acciones preferentes tienen mayores reclamaciones sobre los beneficios y activos de la empresa que sus colegas que poseen acciones comunes. Por ejemplo, cuando los dividendos se reparten entre los accionistas, los propietarios de acciones preferentes obtendrán los suyos primero. En el caso de que la empresa emisora se declare en bancarrota, los propietarios de acciones preferentes seguirán teniendo preferencia en recibir sus dividendos.

¿Vale la pena el riesgo de operar con acciones individuales? Podrías estar preguntándote si sería mejor para ti invertir en, digamos, ETFs o fondos mutuos, en su lugar. De hecho, invertir en acciones individuales es más como poner todos tus huevos en una cesta. Si las cosas van mal, tendrás que soportar las consecuencias de posiblemente perder todo tu dinero. Hay más factores a considerar al decidir si invertir en acciones individuales o no. Necesitas mirar el tiempo que tienes, así como tus necesidades de planificación fiscal. Tu experiencia en inversión también es útil. Para tomar decisiones aún más informadas, podrías necesitar comparar las ventajas y desventajas de invertir en acciones individuales.

Ventajas

Aquí hay algunas de las ventajas de invertir en acciones individuales:

- **Costos reducidos:** Cuando compras acciones individuales, estarás exento de una tarifa anual de gestión a la compañía de fondos. Los principales costos que soportarás son las tarifas por comprar y vender cada acción. Curiosamente, cuando mantienes las acciones por un período más largo, los costos involucrados se vuelven aún más bajos. Dado que no hay costos adicionales, puedes maximizar tus retornos.

- **La gestión de impuestos es más fácil:** Cuando inviertes en acciones individuales, puedes determinar cuándo vender tus acciones. Esto significa que decides cuándo tomar tus ganancias, lo cual no es el caso cuando inviertes en, digamos, fondos mutuos.

- **Mejor control:** Invertir en acciones individuales te da más autoridad sobre tu inversión.

Desventajas

Repasemos algunas desventajas de invertir en acciones individuales:

- **La diversificación es un desafío:** Una mejor diversificación se logra cuando posees de 20 a 100 acciones. Ahora, imagina que tienes que poseer 100 acciones individuales, el riesgo involucrado es inmenso. Para reducir el riesgo, podrías no tener más remedio que poseer menos acciones, renunciando así a la diversificación.

- **Mayor consumo de tiempo:** Cuando estás tratando con una acción individual, debes invertir más tiempo en monitorear tu cartera. Asumirás el papel de un gestor de cartera, revisando y monitoreando las tendencias económicas e industriales para asegurarte de que estás en una buena posición.

- **Ganancias relativamente más bajas:** Diversificar tu cartera te coloca en una mejor posición para ganar más. Con acciones individuales, es más probable que obtengas ganancias más bajas debido a la poca o nula diversificación.

- **Requiere una mayor inteligencia emocional:** Cuando operas con acciones individuales, puedes iniciar fácilmente una operación en cuestión de minutos. Durante ese corto período, puedes obtener ganancias o pérdidas, y esto puede venir con algunos problemas emocionales. La necesidad de gestionar tus emociones es mayor con acciones individuales.

FONDOS MUTUOS

Los fondos mutuos describen vehículos financieros que agrupan dinero de diferentes inversores y luego lo invierten como capital en varios valores, como instrumentos del mercado monetario, acciones y bonos. La asignación de dinero para comprar diferentes acciones es realizada por gerentes de dinero profesionales que deben hacer su mejor esfuerzo para asegurar que las inversiones que hacen generen ingresos. Las ganancias de capital de las inversiones se distribuyen entonces entre los inversores del fondo. Las ganancias o pérdidas para los inversores son proporcionales a lo que invirtieron en el fondo. Los fondos mutuos difieren de las acciones individuales en que permiten la diversificación, por lo que el riesgo involucrado es relativamente menor.

El precio de una acción de fondo mutuo se llama valor neto de activos (NAV) por acción. También podrías encontrarte con casos en los que se escribe como NAVPS. Para obtener el NAV de un fondo mutuo, encuentra el valor total de los valores en la cartera y divídelo por el total de acciones en circulación. El NAV del fondo no fluctúa durante las horas del mercado, por lo que las acciones se compran al NAV actual. El NAV se establece al final de cada día de negociación, y es entonces cuando el precio de un fondo mutuo también puede actualizarse.

Cálculo de los Rendimientos para Fondos Mutuos

Como establecí anteriormente, si compras acciones de Apple como inversor, típicamente estás adquiriendo una propiedad parcial de la empresa. De manera similar, invertir en un fondo mutuo automáticamente te da una propiedad parcial del fondo y sus activos. Las ganancias de un fondo mutuo se realizan trimestral o anualmente. Hay tres formas a través de las cuales tú, como inversionista, puedes ganar dinero a través de un fondo mutuo:

- **Dividendos e intereses:** Los dividendos sobre acciones y los intereses sobre bonos son una fuente de ingresos en un fondo mutuo. Este dinero se distribuye luego a los inversores. Los fondos mutuos les dan a los inversores la opción de recibir su dinero o reinvertirlo para obtener más acciones.

- **Ganancias de capital:** El fondo mutuo puede vender valores que hayan ganado en valor, acumulando así ganancias de capital. Estos fondos también se distribuyen a los inversores.

- **Beneficios:** Las acciones del fondo mutuo pueden aumentar de precio. Si decides vender tus acciones en el mercado, obtendrás beneficios.

Tipos de Fondos Mutuos

Existen varios tipos de fondos mutuos. Sin embargo, todos estos generalmente se clasifican en cuatro categorías principales, que son fondos de bonos, fondos de acciones, fondos de fecha objetivo y fondos del mercado monetario. En esta sección, nuestro enfoque principal serán los fondos mutuos que invierten en acciones.

Fondos de Acciones

Este tipo de fondo mutuo implica una inversión en acciones o participaciones de capital. El nombre de los fondos dentro de esta categoría varía. A veces, se utiliza el tamaño de la empresa, clasificándolos como fondos de capitalización pequeña (small-cap), mediana (mid-cap) o grande (large-cap). En otras ocasiones, se nombran según la estrategia de inversión que siguen, como los fondos orientados al ingreso o los fondos de crecimiento agresivo. Otro criterio para clasificar los fondos de acciones es determinar si invierten en acciones extranjeras o nacionales. Es posible que los fondos se categoricen basándose en múltiples factores, como el tamaño de la empresa, la capitalización de mercado y los aspectos de crecimiento.

Fondos Balanceados

Los fondos balanceados describen inversiones en una combinación de clases de activos, que podrían ser instrumentos del mercado monetario, acciones o bonos. Este fondo también se conoce como fondo de asignación de activos y está diseñado para reducir el riesgo de exposición ya que se involucran muchas clases de activos. Esto sería mejor que tratar con una sola clase de activos.

Algunos fondos balanceados tienen una estrategia de asignación estipulada que permanece fija. Esto se hace para proporcionar un escenario de exposición al riesgo predecible en las clases de activos involucradas, para los inversores. También se pueden utilizar porcentajes de asignación dinámica para cumplir con los objetivos variables de diferentes inversores.

Fondos Especializados

Los fondos especializados asumen diferentes formas, que incluyen:

- **Fondos sectoriales:** Estos fondos se centran en ciertos sectores económicos, como la atención médica y la tecnología. Los fondos sectoriales a menudo se asocian con alta volatilidad, basada en la alta correlación entre las acciones dentro de cada sector.

- **Fondos regionales:** Con estos fondos, el enfoque puede estar en una región geográfica específica, incluso un país.

- **Fondos socialmente responsables:** También se conocen como fondos éticos. Su enfoque de inversión es en organizaciones que caen dentro de los límites de ciertas pautas. Por ejemplo, hay muchos fondos socialmente responsables que no se involucran con empresas que producen armas, tabaco y bebidas alcohólicas, que comúnmente se llaman industrias de "pecado".

¿Por qué Fondos Mutuos en lugar de Acciones Individuales?

Muchos inversores optarían por invertir en fondos mutuos en lugar de en acciones individuales por varias razones. Una de esas razones es que el proceso de toma de decisiones se vuelve mucho más fácil porque el fondo juega un papel crucial en las decisiones asociadas con la inversión. En esta sección, exploraremos más razones por las que también podrías considerar los fondos mutuos para ayudarte a tomar decisiones más informadas.

- **Diversificación:** Los fondos mutuos te permiten invertir en varias acciones, lo que inspira la diversificación. De esta manera, reduces el riesgo general que viene con la inversión. Con los fondos mutuos, es posible invertir en acciones que no están correlacionadas. Tal escenario reduce aún más los riesgos de inversión porque la probabilidad de que las acciones en las que invertiste caigan al mismo tiempo es muy baja. Los fondos mutuos no sólo invierten en diferentes empresas, sino también en varios sectores, lo que además dispersa el riesgo de inversión.

- **Conveniencia:** Al invertir en fondos mutuos, no estás obligada a realizar tú misma la asignación de ciertas porciones de capital en tu cartera. Es posible delegar la decisión a un experto en inversiones para que tome las decisiones en tu nombre. Cuando sientes que no estás en una posición adecuada para investigar y tomar las decisiones necesarias con respecto a tu inversión, un fondo mutuo es una buena opción. Esta alternativa te permite dejar aspectos como la toma de decisiones y la investigación al fondo. Aunque es posible aprender los entresijos de la industria, esto podría llevar mucho tiempo que podría afectar tus ganancias a largo plazo. Por lo tanto, dejar las decisiones relacionadas con tu inversión simplemente parece ser lo más conveniente.

- **Costos:** Cada transacción de acciones viene con un costo. Cuando se realizan transacciones de acciones frecuentes, las ganancias que se realizan pueden terminar siendo canceladas por los costos generales de completar cada venta. En los fondos mutuos, los costos de negociación se distribuyen entre muchos inversores, por lo que es más fácil maximizar las ganancias.

Tarifas de Fondos Mutuos

Los accionistas que invierten en un fondo mutuo son responsables de pagar las tarifas operativas anuales. Estas tarifas operativas son un porcentaje, entre 1 y 3%. Están destinadas a cubrir los costos administrativos. También se te puede requerir pagar tarifas de accionista, que son comisiones, cargos, tarifas y tarifas de redención que pagas directamente al comprar o vender. La evaluación de las tarifas depende de si el fondo mutuo tiene un front-load o back-load. Cuando el fondo tiene un front-load, se evalúa una tarifa cuando se compran las acciones. En el caso de un back-load, las tarifas se evalúan cuando se venden las acciones.

Hay compañías que ofrecen fondos mutuos sin carga. En tales casos, no hay cargos de ventas ni comisiones involucradas. Esto se debe a que los fondos se distribuyen directamente por la organización de inversión, sin la participación de una parte secundaria.

Otros fondos mutuos cobran penalizaciones cuando realizas retiros anticipados. Lo mismo puede aplicar cuando vendes una tenencia antes del final de un plazo dado. Asegúrate de preguntar sobre las tarifas asociadas con el fondo en el que pretendes invertir.

Ventajas y Desventajas de Invertir en Fondos Mutuos

Al igual que todas las demás formas de inversión, los fondos mutuos tienen sus propios pros y contras. Es vital que miremos estas ventajas y desventajas en esta sección para que estés más segura con las decisiones que tomas, sabiendo lo que ganarás o perderás. Te darás cuenta de que discutimos algunas de las ventajas de los fondos mutuos en la sección "¿Por qué Fondos Mutuos en lugar de Acciones Individuales?" Sin embargo, sigue leyendo y equípate con más información.

Ventajas de Invertir en Fondos Mutuos

Aquí hay una lista de las ventajas de invertir en fondos mutuos:

- **Diversificación:** Como destaqué anteriormente, la diversificación que viene con la inversión mutua extiende el riesgo general sobre muchas acciones o sectores, exponiendo al inversionista a niveles más bajos de riesgo.

- **Economías de escala:** Los costos de transacción en un fondo mutuo se reparten entre muchos accionistas. Esto ahorra a los inversionistas lidiar con las enormes sumas de comisiones que están asociadas con la creación de una cartera diversificada. Además, los fondos mutuos compran muchos valores al mismo tiempo, una estrategia que tiende a reducir los costos de transacción involucrados.

- **Acceso relativamente fácil:** Los fondos mutuos proporcionan una forma más fácil para que los inversionistas individuales participen en ciertas transacciones. Por ejemplo, tratar con materias primas exóticas puede ser un desafío, pero los fondos mutuos son a veces la única manera de que los inversionistas individuales se involucren con relativa facilidad.

- **Libertad de elección:** Los inversionistas en fondos mutuos tienen la libertad de elegir los gerentes de inversión con los que quieren trabajar. Esto se debe a que los diferentes gerentes en los fondos tienen estilos y objetivos de gestión variados. Esto hace que el inversor participe en sus inversiones.

- **Gestión profesional:** Con los fondos mutuos, tienes acceso a los servicios de un gerente de inversión profesional que cuenta con habilidades expertas de investigación y comercio. En comparación con los costos involucrados cuando contratas a un inversor experto por tu cuenta, el fondo mutuo es una forma rentable de obtener la asistencia a tiempo completo de estos profesionales.

- **Transparencia:** Los fondos mutuos también están gobernados por estrictas regulaciones que aseguran la seguridad, la equidad y la rendición de cuentas a los inversores y otros interesados involucrados.

Desventajas de Invertir en Fondos Mutuos

Considera revisar la siguiente información para conocer las desventajas de invertir:

- **Sujeto a arrastre de efectivo:** Para que un fondo mutuo funcione bien, debe haber cantidades considerables de efectivo que se mantienen en el fondo. Este efectivo atiende la necesidad de mantener liquidez, además de hacer posible que se realicen retiros. Esto puede sonar bien, hasta que te das cuenta de que el efectivo no genera rendimientos, un escenario que se describe como arrastre de efectivo (cash-drag). Por lo tanto, mantener grandes cantidades de efectivo reduce la tasa a la que se hacen los rendimientos, en cierta medida.

- **La diversificación puede perderse:** A veces, los inversionistas pueden adquirir fondos que se correlacionan altamente, destruyendo así el objetivo de la diversificación. En algunos casos, el fondo puede experimentar dilución. Este es un estado en el que un fondo altamente exitoso crece demasiado, hasta el punto de que al gestor le resulta difícil identificar buenas inversiones donde puedan poner nuevo capital.

- **Sin garantías:** No hay rendimientos garantizados con los fondos mutuos. Esto se debe a que tu fondo mutuo tiene la probabilidad de depreciarse, principalmente debido a las fluctuaciones de precios que también afectan a las acciones que están en la cartera del fondo.

- **Redenciones al final del día:** Es posible solicitar la conversión de tus acciones en efectivo en cualquier momento del día. Sin embargo, la redención real de esas acciones tiene lugar al final de cada día hábil.

- **Dificultad para evaluar fondos:** Comparar fondos es un desafío en los fondos mutuos. En este caso, los inversionistas no tienen la ventaja de comparar y contrastar datos importantes como las ganancias por acción y el crecimiento de las ventas. Aunque el valor neto de activos de un fondo mutuo se puede utilizar para una comparación general, la diversidad de las carteras también hace que la evaluación sea un desafío.

- **Altos costos:** Las tarifas que se pagan a los gerentes profesionales en los fondos mutuos pueden impactar negativamente los rendimientos de los inversionistas a largo plazo. Veámoslo de esta manera: El dinero que se paga a los gerentes profesionales reduce el pago total que se distribuirá entre los inversores. Esto podría no ser un gran problema si el fondo está rindiendo bien, pero sentirás el peso de los costos cuando las cosas no van tan bien.

Estudio de Caso de un Fondo Mutuo

Como ejemplo de un fondo mutuo, veamos el Fondo Magellan de Fidelity Investments (FMAGX). Este fondo fue establecido en 1963, con un enfoque en invertir en acciones comunes para que se pudieran obtener ganancias a través de la apreciación de capital. El FMAGX alcanzó el pico de su éxito durante el período entre 1977 y 1990, cuando Peter Lynch era el gerente de cartera de la compañía. Durante este período, se experimentó un aumento de $18 millones a $14 mil millones en los activos de FMAGX (Hayes, 2022). Para 1997, el fondo había llegado a un punto en el que ya no podía aceptar nuevos inversores, al menos hasta 2008.

El fondo continuó creciendo hasta que sus activos alcanzaron casi $110 mil millones para el año 2000. Un crecimiento adicional vio al FMAGX alcanzando un valor de $28 mil millones en activos para marzo de 2022 (Hayes, 2022).

FONDOS COTIZADOS EN BOLSA (ETFs)

Los ETFs son una forma de valor de inversión agrupada, similar a los fondos mutuos. La principal diferencia entre los ETFs y los fondos mutuos es que los primeros pueden ser vendidos o comprados en una bolsa de valores como acciones regulares. Esto explica por qué se les llama fondos cotizados en bolsa. Los precios de las acciones de los ETFs no están fijos. Más bien, cambian a medida que avanza el comercio en el mercado. Más interesantemente, son más líquidos y rentables que los fondos mutuos. Si te preocupa la diversificación, los ETFs son una opción a considerar. Esto se debe a que hay múltiples activos dentro de un ETF, incluyendo bonos, acciones y materias primas.

Un ETF puede incluir cientos de acciones de diversas industrias. Por otro lado, un ETF puede estar especializado en un sector o industria en particular. Algunos ETFs se limitan a acciones de empresas estadounidenses, mientras que otros incluyen ofertas internacionales, trascendiendo fronteras hacia mercados globales

Tipos de ETFs

Hay varios tipos de ETFs disponibles en el mercado que se pueden utilizar para la especulación, la generación de ingresos o la protección de tu cartera contra riesgos. A continuación, vamos a explorar algunos de los tipos de ETFs disponibles.

ETFs Activos o Pasivos

Los ETFs generalmente se clasifican como activos o pasivos, según su enfoque de gestión. Los ETFs pasivos se diseñan para replicar el rendimiento de un índice específico, que puede ser un índice diversificado como el S&P 500 o uno que se enfoque en un sector particular. Por otro lado, los ETFs activos no buscan replicar un índice, sino que están gestionados activamente con el objetivo de superar un referente o benchmark. Los ETFs activos suelen tener costos más elevados en comparación con los pasivos debido a su gestión activa, pero también pueden ofrecer beneficios adicionales como estrategias de inversión más dinámicas y potencialmente mayores rendimientos.

ETFs de Acciones

Los ETFs de acciones consisten en un grupo de acciones que siguen una industria o sector. Por ejemplo, puedes tener un ETF de acciones que siga, digamos, acciones automotrices. Los ETFs de acciones están destinados a mejorar una experiencia más diversificada dentro de una industria. No hay propiedad real de valores cuando tratas con ETFs de acciones. Además, son más rentables que los fondos mutuos.

ETFs de Materias Primas

Este tipo de ETFs se ocupa de acciones de materias primas, como el oro y el petróleo crudo. Una de las principales ventajas de tratar con ETFs de materias primas es que mantener las acciones es mucho más barato que poseer físicamente la materia prima real, digamos, oro. Esto se debe a que tener acciones elimina los costos de seguro y almacenamiento. Además, los ETFs de materias primas están asociados con la diversificación, lo que te ayuda a sobrevivir a las recesiones en el mercado.

ETFs de Bonos

Los ETFs de bonos son una fuente de ingresos regulares para los inversores. La distribución del ingreso se determina por el rendimiento de los bonos subyacentes. Los ETFs de bonos pueden incluir bonos estatales, locales, gubernamentales y corporativos.

ETFs Inversos

Los ETFs inversos emplean la venta en corto de acciones en un intento de obtener ganancias de las caídas de las acciones. El término "venta en corto" describe el acto de vender una acción, con la esperanza de que su valor disminuya, y luego volver a comprarla cuando asume un valor más bajo.

ETFs de Sector/Industria

Los ETFs de sector o industria son fondos que se enfocan en sectores o industrias específicas, respectivamente. Esto significa que un ETF del sector tecnológico incluiría las respectivas empresas que están en ese sector específico. Los ETFs de sector/industria te darán una mejor visión del lado más favorable de esa industria o sector al rastrear el progreso de las empresas incluidas.

Tarifas de ETFs

Los ETFs conllevan costos generales y administrativos y estos son asumidos por los inversores. Si alguna vez has oído hablar de la "tasa de gastos", este es el término que se utiliza para describir estos costos. La tasa de gastos se calcula como una pequeña parte de la inversión que realizas. La industria de los ETFs ha crecido, reduciendo así las tasas de gastos y haciéndolos más asequibles.

Comparando ETFs con Fondos Mutuos y Acciones Individuales

La tabla a continuación te ayudará a comprender las similitudes y diferencias entre ETFs, fondos mutuos y acciones individuales.

ETFs	Acciones	Fondos Mutuos
Los precios de los ETF pueden negociarse tanto con prima como con descuento en comparación con el valor neto de los activos (NAV).	Los retornos de las acciones están determinados por su rendimiento de mercado real.	Los precios de los fondos mutuos se comercian al VNA del fondo total.
No hay propiedad real de valores.	Hay propiedad física de valores.	Cada fondo mutuo posee valores que están en su cesta.
Los ETF no pueden ser canjeados por efectivo.	Comprar y vender acciones se hace en efectivo.	Las acciones pueden ser canjeadas por efectivo al valor neto de los activos (NAV) del día.
No hay tasas de mercadeo para ETFs, por ello son más baratos. La compra de algunos ETFs es sin comisión.	Algunas plataformas permiten comprar acciones sin comisiones. No hay cargos extras después de comprar las acciones.	Incluyen tarifas de marketing y administración, por lo que son más caras. Los fondos mutuos también pueden cobrar tarifas de suscripción o de reembolso.
Se comercia durante horas regulares.	Se comercia durante horas regulares.	Canjear fondos mutuos solo se hace al final del día.
La diversificación de riesgo se hace siguiendo varias compañías en una industria o sector bajo un solo ETF.	No hay diversificación de riesgo.	La diversificación del riesgo se logra al tener diversos instrumentos de seguridad y clases de activos en una sola cartera.

Ventajas y Desventajas de los ETFs

Como se mencionó anteriormente respecto a los ETFs, hay una serie de ventajas y desventajas asociadas con estos instrumentos de inversión. En esta sección, vamos a resumir brevemente esos pros y contras.

Ventajas de los ETFs:

- Diversificación que disminuye el riesgo de invertir.

- Puedes acceder a acciones en diferentes industrias y sectores.

- Menos comisiones involucradas

- Las tasas de gastos son más bajas.

- Los ETFs están enfocados en industrias particulares.

Desventajas de los ETFs:

- Las transacciones pueden verse obstaculizadas por la falta de liquidez.

- Los ETFs que son altamente gestionados vienen con tarifas más altas.

- Los ETFs que se centran en una industria pueden afectar negativamente el poder de la diversificación.

Ejemplos de ETFs

Algunos ejemplos de ETFs se enumeran a continuación (Chen, 2022):
- El Invesco QQQ (QQQ) ("cubos") sigue el Índice Nasdaq 100.

- El SPDR S&P 500 (SPY): El "Spider" sigue el Índice S&P 500.

- ETFs de materias primas representan el gas natural (UNG), el oro (GLD), el petróleo crudo (USO) y la plata (SLV).

- El SPDR Dow Jones Industrial Average (DIA) ("diamantes") representa las 30 acciones del Dow Jones Industrial Average.

FIDEICOMISO DE INVERSIÓN INMOBILIARIA (REIT)

Un fideicomiso de inversión inmobiliaria (REIT) describe a una compañía que opera, posee o incluso financia bienes raíces que generan ingresos. También puede definirse como un valor que se negocia de manera similar a las acciones y opera bienes raíces que generan ingresos. Los REIT operan con capital que proviene de diferentes inversores. Como resultado, los inversores pueden ganar dividendos sin tener que estar directamente o físicamente involucrados con los bienes raíces en términos de compra, financiamiento o gestión. Esto significa que tratar con REIT es más rentable que participar en bienes raíces tradicionales.

Complejos de apartamentos, hoteles, centros de datos e instalaciones de salud son ejemplos de propiedades que pueden estar en una cartera de REIT. También puedes tener infraestructuras como torres celulares y cables de fibra óptica. La mayoría de los REIT se centran en un sector específico de la industria inmobiliaria. También es posible que los REIT tengan diferentes tipos de propiedades en una sola cartera. Por ejemplo, un REIT puede tener instalaciones de almacenamiento y oficinas.

Los REITs generan ingresos principalmente a través de operaciones inmobiliarias, que incluyen la recaudación de intereses sobre hipotecas y el cobro de alquileres de propiedades. Los REITs están obligados por ley a distribuir la mayoría de su ingreso imponible, al menos el 90%, a sus accionistas en forma de dividendos. Esto puede contribuir a que los REITs ofrezcan tasas de distribución de dividendos más altas en comparación con las rentas fijas y las acciones comunes.

REIT vs Acciones

Según datos históricos, los REITs han tenido un rendimiento superior al de las acciones en algunos periodos. No obstante, también hay ocasiones en las que las acciones han rendido más que los REITs. Esto se ha observado en años específicos, como en 2019, cuando las acciones tuvieron un mejor desempeño que los REITs (DiLallo, 2020). Por ende, la afirmación de que los REITs superan a las acciones se basa en análisis realizados a lo largo de periodos extensos.

Basándose en una comparación entre subgrupos de REITs y el S&P 500, se descubrió que la mayoría de los REITs tuvieron un rendimiento sobresaliente. La evaluación incluyó datos desde 1994 hasta 2019 (DiLallo, 2020). Los REITs de almacenamiento personal tuvieron los mejores resultados con un rendimiento del 16.7%, en comparación con el 14.2% del S&P 500. Sin embargo, las estadísticas indican que este grupo no ha tenido un rendimiento tan destacado en años recientes, con un retorno del 13.7% en 2019. Los REITs industriales también superaron al S&P 500 en 1994. Más recientemente, este grupo ha seguido mostrando un buen desempeño, con un retorno del 20% frente al 12.5% del S&P 500. En 2019, los REITs industriales experimentaron un aumento significativo del 48.7% en comparación con el 31.5% del S&P 500.

El fuerte aumento del comercio electrónico también ha influido en el gran rendimiento de los REIT, en comparación con las acciones. Más personas tienden a comprar en línea, llevando a la expansión de los REIT industriales, especialmente aquellos que se centran en propiedades logísticas.

Información adicional relevante indica que, a pesar de que los datos recopilados por NAREIT desde 1994 reflejan un rendimiento generalmente bueno para los REIT, existe una variedad de subgrupos cuyo rendimiento no ha sido tan destacado en años recientes. Un ejemplo claro de esto son los REIT diversificados, que tuvieron un rendimiento del 9.8% en la última década y solo del 4.3% en los últimos cinco años (DiLallo, 2020).

Ejemplo de REIT

Healthpeak Properties (PEAK) es un ejemplo de REIT que se especializa en el sector de la salud, un área de rápido crecimiento en EE.UU. debido al aumento en la construcción de centros de atención ambulatoria, comunidades de jubilados, edificios médicos y centros de cuidado para personas mayores. Aproximadamente en abril de 2022, PEAK tenía una capitalización de mercado de $18.9 mil millones, y sus acciones se negociaban activamente en el mercado diariamente. La cartera de PEAK se concentra en tres tipos de activos: viviendas para personas mayores, instalaciones de ciencias de la vida y oficinas médicas.

ESCOGIENDO TUS INVERSIONES

Entender los conceptos básicos de la inversión no debería tomar mucho de tu tiempo, así como comenzar a aplicar los conceptos. Sin embargo, dominar los conceptos aprendidos es otra cuestión; incluso podría llevar toda una vida. Esto significa que mejoras a medida que continúas practicando lo que has aprendido. Ahora que has recopilado información sobre varios tipos de inversiones que puedes considerar, ¿cómo sabes cuáles elegir? Te daré algunos consejos útiles en esta sección.

Aplica la Regla 80/20

Según el principio de Pareto, el 80% de los resultados que logras provienen del 20% del esfuerzo que pones. A esto se le llama la regla 80/20, y fue presentada por Vilfredo Pareto. Convertir la información teórica en su forma práctica es de suma importancia. Incluso el esfuerzo más pequeño marca la diferencia. En esencia, estar dispuesto a esforzarse.

Sé Consciente de la Línea de Tiempo

Si vas a invertir hoy y esperas rendimientos al día siguiente, es posible que no tengas mucho éxito. Debes estar dispuesta a dejar tu inversión sola durante un período de tiempo relativamente largo para permitir que acumule ganancias. Esto te ayudará a aprender mejor los detalles de la inversión, considerando que tu inversión podría pasar por altibajos durante ese tiempo.

Cuando dejas tus inversiones el tiempo suficiente, aumentas tus posibilidades de beneficiarte del interés compuesto, que funciona por el principio del efecto bola de nieve. Esto es cuando ganas intereses del dinero que ya has ganado. El concepto de compuesto es la razón por la cual los inversores tempranos tienden a ganar más que los tardíos. Los primeros estarán ganando intereses sobre intereses.

Elige las Clases de Activos Apropiadas

Aquí, estamos hablando de asignación de activos, que implica separar tu dinero en diferentes inversiones, cada una siendo un porcentaje del total. Puedes elegir qué tan diversificada quieres que sea tu cartera. Por ejemplo, podrías dividir tu dinero entre bonos y acciones. Si necesitas una cartera más diversificada, entonces posiblemente puedas incluir, digamos, materias primas y REIT.

Tu estrategia de asignación dependerá de la medida en que puedas tolerar riesgos. Si no puedes permitirte soportar pérdidas, entonces opta por inversiones que impliquen menores riesgos, como los bonos. Si tienes un enfoque más agresivo hacia los riesgos, entonces invertir en acciones podría ser una gran idea. El enfoque *"todo o nada"* para invertir no es recomendable. Siempre es mejor mezclar tus inversiones para mantenerte a flote. También te recomiendo que diversifiques tus inversiones tanto como puedas para reducir los riesgos involucrados. Cuanto más diversifiques, mayores serán las recompensas.

Mantén Equilibrio Entre Acciones y Bonos

No es ningún secreto que incluir bonos y acciones en una cartera es una idea que trae éxito. Sin embargo, ¿cuánto de cada componente debes incluir? Basado en la historia, las acciones generan más rendimientos. Por lo tanto, si tu objetivo es obtener más rendimientos, entonces debes incluir más acciones que bonos. Asegúrate de tener una alta tolerancia al riesgo si eliges tomar este camino. Si prefieres optar por más seguridad y menores rendimientos, más bonos son el camino a seguir. Según Jeremy Siegel en su libro *Stocks for the Long Run* (Taylor, 2021):

> La única forma en que los bonos podrían generar un retorno real del 7.8% es si el índice de precios al consumidor cayera casi un 6% por año durante los próximos 30 años. Sin embargo, una deflación de esta magnitud nunca ha sido sostenida por ningún país en la historia mundial.

Esto muestra que esperar rendimientos rápidos y altos al invertir en acciones es un esfuerzo imposible.

Consejos para Elegir Acciones

Ahora que entiendes que invertir en acciones conlleva mayores ganancias a largo plazo, también podrías necesitar conocimientos sobre cómo seleccionarlas para tu cartera. Por lo tanto, discutiremos los factores que afectan tus decisiones al elegir acciones.

Dividendos

Puedes aumentar significativamente tus ganancias a través de dividendos. Ten en cuenta que las compañías retienen la discreción para decidir cuánto dinero pagar en dividendos, así como la frecuencia con la que se realizan los pagos. Si trabajas con compañías más establecidas y saludables, es más probable que recibas dividendos.

La Relación Precio/Ganancias (P/E)

La relación P/E (por sus siglas en inglés) puede definirse como el precio actual de las acciones de una compañía contra las ganancias por acción. Por ejemplo, si una compañía tiene una relación P/E de 10, esto implica que los inversores están dispuestos a pagar $10 por cada $1 de las ganancias anuales de la compañía. Ten en cuenta que la relación P/E te da una mejor estimación del valor de la acción. Una relación P/E más alta es una indicación de que la compañía está siendo valorada porque más inversores estarán poniendo su dinero en anticipación de buenas ganancias. Cuando el valor P/E es más bajo, esto significa que la compañía está subvalorada.

No hay un valor específico que indique el valor P/E correcto ya que estos números a menudo difieren entre industrias. La mejor opción sería comparar compañías que están en la misma industria. Podría resultarte interesante saber que la industria de productos de salud tiene una relación P/E promedio de 161, mientras que la de la industria automotriz y de camiones es de 15. ¿Ves por qué deberías verificar la relación P/E basada en industrias?

Ganancias por Acción (EPS)

El EPS es una cantidad en dólares que es equivalente a una fracción de las ganancias de una compañía asignadas a cada acción de acciones comunes. Esta cantidad no incluye dividendos de acciones preferentes ni impuestos. Si deseas determinar qué tan bien una compañía podría entregar valor a sus accionistas, el EPS es el componente que puedes usar. Un valor más grande de EPS viene con precios de acciones más altos, lo cual es mejor para los accionistas.

Calcular el EPS es bastante simple. Supongamos que el ingreso neto de una compañía es de $50 millones. Si se pagan $5 millones en dividendos, entonces queda en $45 millones. El siguiente paso sería dividir los $45 millones con el total de acciones en circulación. Si el número de acciones en circulación es de $23 millones, entonces el EPS sería de $1.96 ($45 millones divididos por $23 millones).

Beta

Este valor refleja la volatilidad de una acción en relación con todo el mercado. Idealmente, si el valor beta de una acción es uno, esto significa que la volatilidad de esa seguridad y la del mercado son idénticas. Si el beta es inferior a uno, tiene una volatilidad que está por debajo de la del mercado. Por el contrario, si el valor beta es superior a uno, es una indicación de que la volatilidad de la acción está por encima de la del mercado. Puedes usar el valor beta para decidir las acciones a poseer si deseas estar seguro contra las fluctuaciones del mercado.

Rendimientos Históricos

Aunque no hay nada de malo en leer titulares sobre los rendimientos pasados de las compañías, siempre recuerda que no puedes usar realmente esa información para determinar los rendimientos futuros. En lugar de solo mirar los titulares, enfócate más en el contexto de los resultados impresionantes o desalentadores que estás leyendo. Recomendaría que mires la tendencia de una acción durante un período de tiempo razonable, digamos, 52 semanas, para obtener una mejor idea de dónde se encuentra.

Análisis Técnico y Fundamental

Los análisis técnico y fundamental también pueden ayudarte a decidir las inversiones a incluir en tu cartera. Con el análisis técnico, recopilas grandes cantidades de datos en un intento de determinar la dirección de los precios de las acciones. Las personas que utilizan esta estrategia creen que los precios de las acciones cambian siguiendo ciertos patrones, los cuales pueden ser maximizados invirtiendo de manera oportuna.

El análisis fundamental se centra principalmente en el valor intrínseco de una acción. En este caso, también se consideran otros factores como la calidad de la gestión de la compañía y los ingresos, a diferencia del análisis técnico. El análisis fundamental tiende a funcionar bien para diferentes inversores, independientemente de su nivel de experiencia. El análisis técnico consume más tiempo y es tedioso. Además, podría ser bueno para alguien que se sienta cómodo trabajando con enormes cantidades de datos en números.

COSTO DE INVERTIR EN ACCIONES

También necesitas considerar los costos en los que incurrirás al invertir en acciones. Esto te preparará más financieramente, emocionalmente e incluso mentalmente. Vamos a revisar algunos de los costos con los que debes estar preparado para lidiar.

- **Comisiones y tarifas:** Cada vez que vendas o compres acciones, tu corredor recibirá una comisión. Estas tarifas pueden variar de $2 a $10. Para aquellos corredores que no toman comisión, aún te harán pagar algunas otras tarifas. Supongamos que tienes $1,600 para invertir y decides comprar acciones en cuatro compañías. Si cada transacción te costará $10, entonces perderás $40 ($10x4) de tu dinero. Esto es el 2.5% de tu dinero. Cuantas más compañías, basado en este ejemplo, más dinero pierdes en comisiones y tarifas.

- **Cargas de fondos mutuos:** Uno de los costos que debes esperar cuando tratas con un fondo mutuo es la relación de gastos de gestión (MER), que se utiliza para administrar el fondo. Prepárate para pagar entre 0.05-2 por ciento cada año. También es posible que necesites pagar cargas de entrada o de salida.

- **Corredores en línea:** Ya sea que elijas trabajar con un corredor de servicio completo o un corredor de descuento, prepárate para pagar las tarifas asociadas. Si contratas los servicios de un corredor de servicio completo, lo menos que puedes pagar es $25,000.

- **Robo-asesores:** Los robo-asesores cuestan menos que otros corredores. Por lo tanto, si estás trabajando con un presupuesto limitado, considera trabajar con ellos.

Por favor, ten en cuenta que los corredores y robo-asesores serán explorados con mayor profundidad en el próximo capítulo. Es bueno que ahora comprendas los diferentes tipos de inversiones y cómo elegir la mejor opción para ti. El próximo capítulo te llevará a través de la selección de un servicio de inversión.

PASO 3

SELECCIONANDO UN SERVICIO DE INVERSIÓN

T ras la lectura de este capítulo, estarás equipada con un conocimiento profundo sobre cómo seleccionar un servicio de inversión adecuado para ti. Encontrarás una guía exhaustiva que abarca las opciones disponibles, desde gestionar tus propias finanzas hasta contratar a expertos o emplear asistencia en línea.

Desglosaremos los diferentes servicios de inversión financiera existentes, brindándote la libertad de elegir lo que mejor se adapte a tus necesidades y objetivos. La información que se te proporciona aquí también te preparará con preguntas clave que puedes plantear a un asesor financiero para evaluar su credibilidad. Además, si estás interesada en colaborar con un corredor de bolsa, encontrarás una guía paso a paso sobre cómo seleccionar uno adecuadamente.

¿HAY NECESIDAD DE UN ASESOR DE INVERSIONES?

Cuando se trata de dinero y cuestiones de inversión, necesitas investigar tus opciones disponibles. Un asesor de inversiones es un experto financiero que recibe pago por ofrecer consejos relacionados con las inversiones de sus clientes. Este profesional también puede estar involucrado en la gestión de las inversiones de sus clientes, generalmente por una tarifa fija o también pueden cobrar a sus clientes según el porcentaje de los activos que gestionan. Vamos a explorar y ver si conseguir un asesor de inversiones es un esfuerzo que vale la pena.

CONSIGUIENDO UN ASESOR DE INVERSIONES PARA GESTIONAR TU DINERO

Dependiendo de tus preferencias, puedes obtener un asesor de inversiones para gestionar tus finanzas. Como esperarías, hay ventajas y desventajas asociadas con esta decisión. Conocer estos pros y contras te pondrá en una mejor posición para decidir si un asesor de inversiones es necesario o no.

Ventajas

Considera la asistencia que recibirás de un experto cuando se trata de consejos de inversión. La tranquilidad y la experiencia son algunas de las ventajas cruciales que podrías obtener al conseguir la ayuda necesaria. Aquí hay una lista de los pros de contratar a un asesor de inversiones:

- Al contratar a un asesor de inversiones, obtendrás una gestión experta de tu cartera que se alineará con tus necesidades y metas financieras personales.

- Cuando tienes un asesor de inversiones, es más probable que tengas paz mental. No tendrás que monitorear o realizar cambios que ocurran en tu cartera y en el mercado. Tu asesor de inversiones se encargará de eso.

- Un asesor de inversiones te ayudará a navegar por situaciones financieras difíciles. Si tienes preguntas, tu asesor se encargará de ellas. En el caso de la planificación financiera, el asesor lo hará de manera integral y de forma continua.

Desventajas

- Un asesor de inversiones cobra una tarifa por sus servicios, por lo tanto, tendrás que incurrir en ese costo adicional.

- Existe el riesgo de contratar a un asesor de inversiones de calidad inferior. A pesar de que la mayoría de ellos son capacitados y éticos, algunos pueden no estar a la altura.

CONSULTA POR HORA

Otra opción de servicio de inversión que puedes considerar es la consulta por hora. Este enfoque consiste en programar citas con un planificador financiero que te cobrará por el tiempo dedicado para proporcionarte un plan que incluya recomendaciones de inversión personalizadas. Con este servicio, tienes la flexibilidad de elegir el mejor momento para reunirte con tu planificador, lo que te permite revisar y evaluar tu cartera y hacer los ajustes necesarios según las circunstancias cambiantes o tus objetivos financieros.

Ventajas

- Las consultas por hora pueden ser menos costosas porque es más probable que obtengas consejos profesionales a tarifas más bajas.

Desventajas

Incluso si contratas ciertos servicios de inversión, podrías seguir siendo responsable de las decisiones finales. Esta situación puede resultar estresante, y en esta sección ampliaremos más sobre este tema:

- Aunque recibas asesoramiento especializado, la responsabilidad última de gestionar tu dinero sigue recayendo sobre ti.

- No podrás disfrutar de una tranquilidad total, ya que tendrás que tomar decisiones financieras importantes de manera periódica.

GESTIÓN DE TU PROPIO DINERO

¿Sabías que puedes gestionar fácilmente tu propio dinero? Esto ha sido posible gracias a la facilidad de acceso a la información financiera. La presencia de fondos de índice de mercado de bajo costo y corredores en línea añade a la posibilidad de que gestiones tu propio dinero.

Ventajas

¿Alguna vez has experimentado la libertad que viene con gestionar tu propio dinero? Yo sí. Aquí están algunas de las ventajas que conlleva:

- Eliminas el costo de las tarifas del asesor de inversiones.

- Te ayuda a retener la libertad de tomar tus propias decisiones.

- Puede ser una experiencia agradable, además de darte la oportunidad de aprender más sobre finanzas.

Desventajas

Puede que pienses que tienes el control de la situación. Sin embargo, podrías estar equivocada. Esto podría ser lo que sucede cuando decides gestionar tu propio dinero:

- En muchas instancias, es menos probable que tu cartera supere a la de un experto.

- Es posible que no asignes tus inversiones correctamente. Esto podría significar que tu cartera no esté preparada para las fluctuaciones que pueden ocurrir en el mercado.

- Podrías cometer errores costosos. Por ejemplo, podrías perderte de ahorros fiscales, tomar decisiones de inversión débiles o pagar tarifas ocultas altas. Dichos errores afectan negativamente tus ganancias.

Ten en cuenta que si estás interesada en hacerlo por tu cuenta, puedes obtener consejos de "Money under 30" (un sitio web que proporciona información financiera y asesoramiento, enfocado principalmente en jóvenes adultos) y NASDAQ (una bolsa de valores conocida por su alta concentración de empresas de tecnología. También proporciona una variedad de recursos educativos y herramientas para inversores de todos los niveles).

PREGÚNTATE A TI MISMA...

Ahora te queda claro que hay muchas opciones a considerar al seleccionar un servicio de inversión. Sin embargo, hay preguntas que debes hacerte para llegar a la decisión deseada sobre qué servicio de inversión utilizar. Vamos a ver algunas de las preguntas en esta sección.

¿Cuánto Dinero Estás Dispuesta a Invertir?

La cantidad de dinero que tienes es un factor fuerte que determina el servicio de inversión que es más probable que adoptes. Cuando tienes un pequeño portafolio, no sería sabio distribuirlo entre muchos activos. Además, no querrías asignar parte de tu dinero a tarifas en tal escenario. En caso de que no tengas mucho dinero, sería mejor usarlo para invertir.

¿Qué Tan Complicadas Son Tus Finanzas?

Puedes ser una mujer joven que es soltera y no tiene demasiadas responsabilidades. A veces, simplemente puedes estar buscando consejos de inversión simples para tu corretaje. En algunos casos, puedes enfrentarte con problemas más complejos como planes de distribución de jubilación, operaciones con margen o acciones heredadas. Puedes estar esperando cambios sociales que pueden complicar tu situación, ya sea por nacimiento de un hijo o divorcio. Dependiendo de la complejidad de tu situación, puedes tener una necesidad aumentada de asesoramiento experto.

¿Hay Necesidad de Planificación Financiera Integral?

Notarás que a veces necesitas tomar decisiones que tienen efectos de largo alcance. ¡Imagina lo que sucedería si tu portafolio perdiera el 50% de su valor! ¿Podrías luchar contra el impulso de actuar por miedo y vender todo? En momentos como estos, un asesor profesional parece ser un gran activo que puede funcionar a tu favor. La tarifa vale la pena si necesitas una planificación financiera integral de un experto. Sin embargo, si solo quieres experimentar con un poco de efectivo en el mercado, hazlo tú misma. Optar por una consulta por hora tendrá mucho sentido si aún sientes que necesitas asistencia.

¿Qué Tan Sofisticada e Interesada Estás?

Debes entender que para ser tu propio gestor, debes poseer cierto entendimiento del mercado y las finanzas. Poder disfrutar de tu portafolio es crucial porque es probable que pases mucho tiempo en él. Si estás interesada en gestionar tus propias finanzas, considera obtener cuestionarios y herramientas financieras de la Autoridad Reguladora de la Industria Financiera (FINRA). Ten en cuenta que si la manera de FINRA es demasiado complicada para que la entiendas, es posible que desees contratar a un planificador financiero.

¿Cuáles son tus expectativas?

Esperar que tu dinero se duplique de la noche a la mañana no es realista. Aunque la meta de invertir es, por supuesto, obtener rendimientos, la paciencia es esencial. Con el tiempo, se ha visto que un asesor experto suele obtener mejores resultados que un inversor novato. Por ello, es importante tomarte el tiempo para definir tus expectativas de inversión y asegurarte de que sean *SMART* (acrónimo en inglés de Specific, Measurable, Achievable, Realistic, Time-bound), lo que significa específicas, medibles, alcanzables, realistas y con tiempo determinado

ENCONTRANDO UN ASESOR FINANCIERO

Si decides que necesitas un asesor financiero, ¿cómo procedes? No hay razón para inquietarse; precisamente esto es lo que vamos a tratar en esta sección. Un informe del Consejo Nacional de Educación Financiera ha revelado que el estadounidense promedio gasta unos $1,200 al año debido a la falta de conocimiento financiero personal (Schmidt, 2022). Seguramente preferirías no ser parte de esa estadística. Así que vamos a detallar los pasos necesarios para encontrar un asesor financiero competente que te asista en la definición de metas a largo plazo y en el manejo de tus finanzas personales.

Decide Dónde Necesitas Ayuda Con Tus Finanzas

Puedes o no requerir una planificación financiera integral dependiendo de la situación actual de tu vida. Las personas jóvenes suelen tener vidas financieras más sencillas en comparación con las mayores, independientemente del género. Si tienes requisitos financieros complejos, puedes necesitar asistencia adicional de expertos. Por ejemplo, podrías estar interesada en establecer fondos universitarios, resolver problemas fiscales complicados o establecer fideicomisos para tus hijos. Teniendo en cuenta que puede haber muchos servicios en el menú, debes decidir cuáles necesitas de un asesor financiero. Esto te ayudará en tu búsqueda de un asesor.

Averigua Sobre los Diferentes Tipos de Asesores Financieros

Es vital aprender sobre los diversos tipos de asesores que tienes a tu disposición. Esto es porque así sabrás si son buenos para ti y tu dinero. No importa qué asesor financiero elijas, pero debes saber cómo se les paga. Esto te permite evaluar si sus recomendaciones son mejores para ti o para sus bolsillos. Hablemos más sobre los diferentes tipos de asesores.

Asesores Financieros por Honorarios

Como su nombre indica, los asesores solo por honorarios ofrecen sus servicios y ganan a partir de las tarifas que tú les pagas. Las tarifas pueden calcularse como un porcentaje de los activos que administran en tu nombre, o también pueden utilizar una tarifa plana o por hora para calcular sus ingresos.

Robo-Asesores

Ya mencionamos a los robo-asesores anteriormente en este libro. Estos pueden proporcionarte asesoramiento de inversión de bajo costo, que es automatizado. Los robo-asesores se centran principalmente en ayudar a las personas cuando quieren invertir en metas a mediano y largo plazo, como la jubilación, a través de carteras diversificadas preconstruidas de ETFs. Se ha observado que para las mujeres jóvenes que realmente entienden cómo funciona la tecnología, un robo-asesor podría funcionar como una solución perfecta en términos de administrar fondos de jubilación (Schmidt, 2022). Sin embargo, independientemente de tu edad, también puedes avanzar con el tiempo y adoptar la idea de los robo-asesores. Ten en cuenta que si tienes requisitos financieros complejos, conseguir un asesor financiero convencional es probablemente la mejor opción.

Asesores de Inversiones Registrados

Los Asesores de Inversiones Registrados (RIAs, por sus siglas en inglés) son empresas que te ofrecen asesoramiento financiero fiduciario. El deber fiduciario se refiere a una situación en la que el experto financiero en cuestión está legalmente obligado a actuar en tu mejor interés financiero. Los RIAs pueden emplear Representantes de Asesores de Inversión (IARs, por sus siglas en inglés) que trabajan para ellos. Puedes escuchar a los IARs que se llaman a sí mismos asesores financieros, y pueden ser solo por honorarios o basados en honorarios. Algunos IARs pueden tener credenciales adicionales, como el título de planificador financiero certificado (CFP, por sus siglas en inglés). Este título muestra que el asesor financiero ha aprobado exámenes exhaustivos de la industria que involucran planificación de seguros, inversiones y bienes raíces, junto con años de experiencia en sus respectivos campos. Está claro que los CFPs tienen una amplia gama de habilidades y son los indicados cuando se trata de planificar muchos aspectos de tu vida financiera. Los CFPs son muy buenos con problemas financieros intrincados como la gestión de grandes deudas pendientes y la planificación de bienes, testamentos y fideicomisos.

Asesores Financieros que Ganan Comisiones

Algunos asesores financieros obtienen sus ingresos de comisiones de ventas a través de terceros. Sin embargo, algunos de ellos pueden decir que no te cobran si solo te dan asesoramiento. La línea de fondo, sin embargo, es que los asesores financieros que ganan por comisión obtienen algunos o todos sus ingresos cuando te venden productos financieros. Ten en cuenta que debes ser cautelosa si decides contratar a un asesor financiero que gana comisiones de ventas. Esto se debe a que estos asesores financieros pueden no trabajar en tu mejor interés.

Elige el Tipo de Servicios de Asesoría Financiera que Prefiere

Hay una variedad de servicios de asesoría financiera a tu disposición. Por lo tanto, es importante que determines qué tipo de servicio necesitas antes de iniciar tu búsqueda. A continuación, te presento algunos de los servicios que los asesores financieros suelen ofrecer:

Gestión de Deudas

Este servicio es apropiado para ti en caso de que tengas deudas pendientes como préstamos estudiantiles, deudas de tarjetas de crédito, hipotecas o préstamos para automóviles. En tales escenarios, los asesores financieros te asistirán para trazar un plan de pago.

Asesoramiento de Inversiones

Si deseas invertir, los asesores financieros pueden investigar las diversas opciones de inversión disponibles. Esto les permite aconsejarte sobre qué cartera de inversiones es adecuada para tu nivel de riesgo.

Planificación para la Universidad

¿Estás al tanto de que puedes ahorrar para la educación universitaria de tus seres queridos? Con el apoyo de un asesor financiero, es posible establecer un plan de ahorro efectivo para la educación terciaria.

Ayuda con el Presupuesto

Si estás interesada en alcanzar tus metas financieras, los asesores pueden ayudarte a elaborar un presupuesto. En pocas palabras, estas personas son expertas cuando se trata de analizar cómo se gasta tu dinero una vez que sale de tu cheque de pago.

Cobertura de Seguros

Si tienes dudas sobre la adecuación de tu cobertura de seguro actual, considera la posibilidad de consultar a un asesor financiero. Este profesional puede revisar tus pólizas actuales para identificar posibles lagunas en la cobertura y, de ser necesario, sugerir la contratación de seguros adicionales, como el seguro para cuidados a largo plazo o el seguro de discapacidad.

Planificación para la Jubilación

Podrías requerir asistencia para acumular los fondos necesarios para tu retiro. Los asesores financieros pueden ayudarte a proteger y hacer crecer tu dinero, asegurando que dispongas de los recursos necesarios una vez que te jubiles o cuando estés aproximándote a esa etapa.

Planificación Patrimonial

Es valioso considerar la posibilidad de dejar un legado duradero. Los asesores financieros pueden ayudarte a asegurar que tu patrimonio sea transferido a las siguientes generaciones, incluyendo amigos, familiares o entidades benéficas, de acuerdo con tus deseos.

Planificación Fiscal

Con la planificación fiscal, los asesores pueden idear estrategias para reducir la cantidad de impuestos que podrías pagar. Por ejemplo, puedes realizar grandes donaciones benéficas o cosechar pérdidas fiscales. Además de los servicios que obtienes de tu asesor financiero, también podrías utilizar software fiscal para presentar tus impuestos.

Ten en cuenta que, aparte de la planificación financiera y la gestión de inversiones, los asesores también pueden proporcionarte consejos y apoyo emocional durante tiempos económicos inestables. Por ejemplo, hubo un aumento del 50% en el contacto con asesores financieros en marzo de 2020 cuando comenzó la pandemia de COVID-19 (Schmidt, 2022).

Decide Cuánto Estás Dispuesta a Pagar

Recientemente, los asesores han ofrecido una amplia variedad en cuanto a la estructura de tarifas. Esto es notable porque logran acomodar a varios clientes con diferentes niveles financieros. Como mencionamos en secciones anteriores, el pago puede ser a través de comisiones, solo tarifas o estructuras basadas en tarifas. Puedes elegir la que sea adecuada para ti, dependiendo de tus finanzas.

Investiga Información Sobre los Asesores Financieros

Nadie querría que sus finanzas fueran manejadas por una persona incapaz o no confiable. Por lo tanto, sería prudente que investigaras antes de contratar a un asesor financiero. Podrías pedir recomendaciones a colegas, familiares y amigos. Otra manera sería revisar las bases de datos de asociaciones profesionales de planificación financiera, como XY Planning Network, Alliance of Comprehensive Planners o Garrett Planning Network. Al realizar tus evaluaciones, es importante hacer verificaciones de antecedentes y evaluaciones de las estructuras de tarifas. Además, presta atención a las quejas presentadas contra los asesores financieros y las acciones disciplinarias tomadas.

Preguntas para Hacerle a un Asesor Financiero

Es esencial plantear ciertas preguntas durante tu primer encuentro con un asesor financiero. Es vital que salgas de la reunión con todas las respuestas que necesitas. A continuación, te sugiero algunas preguntas que podrías considerar hacer:

1. ¿Estás afiliado a alguna asociación profesional de planificación financiera?

2. ¿Cómo obtienes tus ingresos?

3. ¿Qué servicios proporcionas en relación con la planificación financiera?

4. ¿Con qué tipo de clientes sueles trabajar?

5. ¿Existen conflictos de interés en la gestión de mis fondos?

6. ¿Cuáles son tus requisitos si vamos a trabajar juntos?

7. ¿Con qué frecuencia nos reuniremos?

8. ¿Estarías dispuesto a colaborar con mis otros asesores?

GESTIÓN DE INVERSIONES

La gestión de inversiones también se conoce como gestión de carteras, de patrimonio o de dinero. Este servicio implica el manejo de activos financieros, junto con otras inversiones. El servicio no se limita solo a la compra y venta de activos financieros y otras inversiones, sino que también incluye establecer estrategias a corto o largo plazo para la disposición y adquisición de tenencias de cartera. Además, la gestión de inversiones tiene en cuenta la presupuestación, los servicios fiscales y los deberes, así como la banca.

Los Fundamentos

Cuando uno se dedica al negocio de la gestión de inversiones, su objetivo principal es cumplir con ciertos objetivos de inversión para que sus clientes puedan beneficiarse de ellos. Hay varios tipos de clientes, que van desde inversores individuales o institucionales, como instituciones educativas, compañías de seguros, gobiernos, planes de retiro y fondos de pensiones. Otros servicios de los gestores de inversiones incluyen la selección de acciones, el análisis de estados financieros, la asignación de activos, la estrategia y la implementación de la cartera, así como el seguimiento de las inversiones actuales.

Es crucial entender que al contratar a un gestor de inversiones, estarás confiando en una persona o entidad para que te proporcione servicios de asesoramiento y planificación financiera. No se limitarán únicamente a supervisar tu cartera de inversiones, sino que también se encargarán de integrarla con tus demás bienes y objetivos personales. Además, los gestores profesionales manejan una diversidad de valores y activos financieros, que abarcan desde bienes raíces y materias primas hasta acciones y bonos. Pueden también gestionar activos tangibles, como metales preciosos y obras de arte, así como activos intangibles. Si buscas que tus inversiones estén coordinadas con tu planificación de retiro y estrategia patrimonial, contratar a un gestor de inversiones sería una decisión acertada. En el ámbito corporativo, un gestor financiero se asegura de que los activos tanto tangibles como intangibles de la empresa sean mantenidos, utilizados eficientemente y registrados adecuadamente en los libros contables.

Ventajas

Involucrar a profesionales en la gestión de tus inversiones suele ser una decisión acertada. A continuación, algunas razones para considerarlo:

- Al optar por servicios de gestión de inversiones, te beneficias de un análisis experto y profesional de tu cartera.

- La experiencia y el conocimiento de los gestores de inversiones aumentan tus posibilidades de obtener rendimientos superiores a los del mercado.

- Los gestores de inversiones pueden ofrecer estrategias para proteger tu cartera en periodos de volatilidad o incertidumbre económica.

- La gestión de inversiones garantiza una supervisión detallada y constante de tus inversiones.

Desventajas

Antes de comprometerte con un servicio de gestión de inversiones, es importante que consideres también las posibles desventajas:

- Contratar a un gestor de inversiones puede implicar costos significativos que pueden afectar la rentabilidad neta de tus inversiones.

- Las ganancias de tus inversiones pueden ser inciertas y variar según las condiciones del mercado.

CORREDORES DE BOLSA

¿Estás buscando una inversión rentable? Si es así, es fundamental que encuentres un servicio de corretaje que se alinee con tus metas, tu forma de aprender y tus necesidades educativas. Como inversora principiante, es aconsejable que selecciones el mejor corredor de bolsa en línea que se ajuste a lo que necesitas y a tu situación financiera.

Elección de un Corredor de Bolsa en Línea

Benjamín Franklin dijo una vez: *"Una inversión en conocimiento paga el mejor interés"*. Por ello, investigar concienzudamente es crucial. Existen aspectos específicos que debes considerar al seleccionar un corredor de bolsa en línea. Comprender claramente tus necesidades es el primer paso hacia la consecución de tus objetivos financieros. Profundicemos en cómo escoger un corredor en línea adecuado para ti:

Entiende tus Necesidades

Antes que nada, es crucial que identifiques qué es lo que buscas en una plataforma de trading. Si eres principiante, deberías dar prioridad a características como acceso sencillo a soporte al cliente, glosarios detallados y recursos educativos para novatos. Además, es ventajoso contar con la posibilidad de hacer operaciones simuladas antes de comprometer tu dinero real en inversiones. Si ya tienes experiencia en el ámbito de las inversiones, podrías buscar acceso a análisis elaborados por expertos, así como una amplia gama de datos técnicos y fundamentales que te ayuden en la toma de decisiones.

Como inversora con alta experiencia, es probable que estés en la búsqueda de servicios de corretaje más sofisticados, que incluyan acceso a negociación de derivados, fondos mutuos y herramientas avanzadas de gráficos. Al evaluar los servicios de corretaje en línea, es importante ser honesta contigo misma y reflexionar sobre ciertas cuestiones fundamentales. Estas son algunas de las preguntas que deberías estar preparada para responder:

- ¿Cómo quieres que te asistan?

- ¿Qué tipo de operaciones te interesan?

- ¿Cuáles son tus objetivos de inversión?

Sé Específica

Es fundamental reducir tus opciones después de haber definido tus metas de inversión y haber identificado qué tipo de servicios esperas de un corredor de bolsa ideal. Recuerda que algunas características de los servicios de corretaje pueden ser más relevantes que otras, dependiendo de tu estrategia de inversión. Existen ciertas características indispensables que un corredor en línea debe poseer para ser considerado confiable. Para hacer una selección adecuada rápidamente, verifica que estas características esenciales estén presentes y se alineen con lo que necesitas. Un corredor de bolsa confiable debe estar registrado en autoridades reguladoras reconocidas, como la FINRA (Autoridad Reguladora de la Industria Financiera).

Averigua Sobre las Tarifas

Para cualquier correduría que puedas querer elegir, es crucial averiguar la estructura de tarifas. Algunas corredurías podrían parecer más económicas pero carecer de características que sus competidores tienen. Es prudente verificar si las tarifas que se cobran son justificables.

Verifica Cómo Funciona la Plataforma del Corredor

Cualquier plataforma de corredor disponible probablemente dará una descripción completa con respecto a sus herramientas y recursos. Sin embargo, la mejor manera de evaluar la plataforma es hacer una prueba de manejo. Otros corredores pueden permitirte abrir una cuenta sin costo. En tal caso, sería sabio abrir la cuenta para que puedas ver qué es necesario y experimentar cómo funciona la plataforma.

Es útil que utilices la plataforma practicando cómo realizar una operación para que veas qué tan eficiente es el proceso. También debes hacer clic en cada una de las pestañas disponibles para ver el tipo de datos que la plataforma ofrece. Asegúrate de revisar cualquier otra herramienta disponible para que puedas encontrar inversiones que coincidan con ciertos estándares.

¿Qué Tan Eficiente es el Proceso de Educación?

Un buen corredor de bolsa debería poder educar a sus clientes. Recuerda verificar el tipo de ofertas educativas que proporciona el corredor. También, prueba la función de búsqueda y ve si puedes obtener explicaciones para cosas que no sabes o entiendes. Si no sabes cómo interpretar datos, se debería proporcionar asesoramiento sobre maneras de hacerlo. Un rápido recorrido por la plataforma debería poder proporcionarte las respuestas adecuadas. Las ofertas educativas pueden provenir de diversas fuentes como artículos escritos, foros de usuarios, podcasts o videos. Ten en cuenta que un buen corredor debe proporcionar información de fuentes reputadas.

La Eficiencia de Depositar y Retirar Tus Fondos

Puede que te encuentres con situaciones que no te dejen otra opción que retirar fondos que hayas depositado. No será una buena experiencia si el proceso de retiro es tedioso. Por lo tanto, para cualquier correduría que consideres, es prudente revisar los términos de depósito, liquidación de fondos y retiro.

Servicio al Cliente

La sección de "Ayuda" de cualquier correturía que estés evaluando te ofrecerá una visión general de su servicio al cliente. Es esencial que puedas comunicarte con el servicio de atención al cliente de forma rápida y sencilla. En situaciones de dificultades técnicas, es importante que el soporte técnico esté disponible y sea accesible en todo momento. Asegúrate de conocer siempre el procedimiento para obtener asistencia cuando la necesites.

Registro e Instrucciones Siguientes

Después de comprender cómo funciona el servicio de corretaje que has seleccionado, estarás lista para iniciar tus operaciones. Es crucial que aproveches los recursos y herramientas que faciliten una experiencia de inversión tanto placentera como fructífera. En este punto, deberías ser capaz de identificar las funcionalidades que son esenciales para tus necesidades de inversión. Es momento de ponerlas en práctica.

Queda claro que realizar una investigación profunda es un paso crítico en el proceso de inversión. Tienes la opción de gestionar tus propios fondos o, alternativamente, puedes optar por la asistencia de profesionales que te ayuden a optimizar tus rendimientos, aunque esto implica ciertos costos. Tanto la contratación de un experto como la gestión independiente de tu dinero presentan ventajas y desventajas que debes ponderar. Una vez que hayas realizado la debida diligencia y hayas definido tus preferencias, estarás lista para avanzar al siguiente paso: realizar la compra de tu primera acción.

PASO 4

COMPRANDO TU PRIMERA ACCIÓN

¿Sabías que Warren Buffett, actualmente el hombre más rico del mundo, compró su primera acción cuando tenía solo 11 años? Esto probablemente elimina el pensamiento de esperar un poco más antes de hacer tu primer movimiento. *"Bueno, él es un hombre"*, podrías pensar, pero yo te diría, *"Bueno, tú eres una mujer, ¿qué diferencia hace?"* En esencia, ¡estoy diciendo que tú puedes hacerlo!

Al comenzar, puedes tomar algunas lecciones de la primera compra de acciones de Buffett. Primero, aprendemos que cuanto antes, mejor. Después de 75 años de comprar su primera acción, Buffett había acumulado 75 mil millones de dólares. Segundo, puedes aprender de su declaración cuando dijo:

> *"Han pasado 75 años y nunca he sabido lo que el mercado va a hacer al día siguiente"*
>
> Warren Buffett

Él añadió diciendo que las tendencias del mercado eran menos preocupantes para él. Para él, lo que importa es asegurarse de estar en la economía correcta. De manera similar, solo asegúrate de estar en la economía correcta y comienza. Tercero, Buffett compró su primera acción cuando las cosas no necesariamente estaban bien en América. Recuerda que en aquel entonces, EE. UU. enfrentaba desafíos en la guerra del Pacífico, sin embargo, no se dio por vencido.

Tú también tienes esa fortaleza. Solo necesitas reunir paciencia, siendo consciente de que habrá altibajos en este viaje, pero manteniendo siempre tu optimismo. Este capítulo está diseñado para guiarte a través de los detalles de comprar tu primera acción, evitando algunos de los errores más comunes en los que caen la mayoría de los principiantes.

¿CÓMO COMPRAR ACCIONES?

Lo primero que necesitas para poder comprar acciones es una cuenta de corretaje. Configurar esto te llevará menos de 15 minutos. El siguiente paso es depositar dinero en tu cuenta de corretaje, después de lo cual debes seguir los pasos que se mencionan en esta sección. También puedes usar aplicaciones en línea para comprar acciones. Puedes descargar la aplicación de inmediato, lo que hace que este método sea relativamente más rápido que abrir una cuenta de corretaje. Sin embargo, es importante notar que no puedes comenzar a operar en una aplicación en línea, a menos que hayas depositado algo de dinero.

Elige el Corredor de Bolsa en Línea de tu Preferencia

Un corredor de bolsa en línea ofrece la manera más fácil de comprar acciones. Simplemente tienes que utilizar el sitio web del corredor y, con unos pocos clics, habrás comprado tu primera acción. También es posible que compres tus acciones directamente de la empresa emisora. Como alternativa, puedes contratar a un corredor de bolsa de servicio completo.

Para abrir tu cuenta de corretaje, solo sigue las instrucciones. Típicamente, seguirás estos pasos:

1. Completar un formulario de solicitud en línea.

2. Proporcionar prueba de identidad.

3. Seleccionar el método para financiar tu cuenta, ya sea a través de una transferencia electrónica o enviando un cheque por correo.

Investiga y Decide Qué Acciones Comprar

Como mencionamos en el capítulo anterior, seleccionar las acciones correctas es clave. Es esencial que realices una investigación minuciosa para identificar aquellas acciones que mejor se alineen con tus objetivos de inversión. No te dejes llevar por titulares sensacionalistas y, lo que es más importante, invierte en una empresa con la intención de ser parte de ella a largo plazo, no solo por el potencial de ganancia a corto plazo. Entre las fuentes de información que puedes consultar se encuentran las transcripciones de las conferencias con inversores, las últimas noticias y los informes presentados a la SEC. Si tu corredor en línea ofrece tutoriales o herramientas educativas, no dudes en aprovecharlos para mejorar tu comprensión del mercado.

Averigua Cuántas Acciones Comprar

No es necesario que apresures a llenar tu cartera de inversiones de inmediato. Es perfectamente aceptable comprar acciones gradualmente, por lo que está bien comenzar con una pequeña cantidad. De hecho, iniciar con poco es recomendable. Para familiarizarte con el mercado de valores, podrías considerar el uso de un simulador de mercado, que es una herramienta ofrecida por algunos corredores. También existen herramientas que te permiten calcular cuántas acciones puedes adquirir con una cantidad determinada de dinero, lo cual es útil para saber con exactitud cuántas acciones puedes comprar con el capital que estás dispuesta a invertir. Por ejemplo, si cuentas con $400 para invertir, estas herramientas te mostrarán cuántas acciones corresponden a ese monto.

Selecciona el Tipo de Orden de Acciones

Hay muchos movimientos de trading que puedes considerar, aunque la complejidad de algunos de ellos no vale la pena en esta etapa, o quizás nunca. Por lo tanto, nos centraremos en dos tipos principales de órdenes de acciones que pueden ayudar al éxito tanto de principiantes como de expertos. Estas son las órdenes de mercado y las órdenes limitadas.

Órdenes de Mercado y Órdenes Limitadas

Las órdenes de mercado son para inversores que están dispuestos a comprar o vender acciones al precio actual del mercado. Las órdenes de mercado carecen de parámetros de precio de comercio, por lo que la ejecución de tu orden será inmediata. Ten en cuenta que la orden puede no ser cumplida si estás comprando demasiadas acciones. Lo mismo aplica cuando compras pequeños volúmenes de una acción con poco volumen de comercio.

A veces, puedes terminar lidiando con precios que son un poco diferentes a los que obtuviste en la cotización inicial. Esto se debe a fluctuaciones continuas que ocurren en el mercado. Es mejor ejecutar órdenes de mercado que involucran acciones que son menos volátiles para evitar grandes diferencias de precios.

Con órdenes limitadas, tienes más control con respecto a los precios a los que se ejecuta la orden. Digamos que hay una acción que se cotiza a $120, y quieres comprarla a $100, deberías colocar una orden limitada. Tu corredor solo ejecutará la orden cuando el precio baje a ese nivel. Lo mismo también se aplica si tu orden limitada sugiere un precio más alto.

Términos Comunes Utilizados

Para ayudarte a entender mejor las órdenes de acciones, aquí tienes algunas palabras que debes tener en cuenta:

- **Oferta:** El precio al que el comprador está dispuesto a comprar la acción.

- **Demanda:** Cuánto quiere el vendedor por su acción.

- **Margen:** La diferencia entre la oferta más alta y la demanda más baja.

- **Orden limitada:** Una solicitud para ejecutar una orden a un precio específico.

- **Orden de acciones:** Una solicitud para ejecutar inmediatamente una orden al mejor precio de mercado disponible.

- **Orden de parada:** Se establece un precio de parada y la orden se ejecuta cuando la acción alcanza ese precio, utilizando los precios prevalecientes en ese momento.

- **Orden de parada-limitada:** Cuando se alcanza el pico de parada, la orden se ejecuta dentro de límites de precio específicos.

Optimización de la Cartera de Acciones

Aquí tienes un recordatorio amistoso: incluso los mejores inversores pasan por momentos difíciles en su trayectoria, aunque todo lo que vemos es su éxito. Estos inversores dominaron el truco de concentrarse en lo que pueden controlar. Por ejemplo, la elección de las acciones en las que comerciar es tuya. Sin embargo, no puedes controlar los movimientos del mercado, simplemente tienes que jugar según las reglas y ejercer inteligencia emocional.

LAS ACCIONES PARA COMPRAR

En esta sección, aprenderás más sobre las acciones que puedes comprar. Esto está destinado a hacer tu primera compra lo más fácil posible. Algunas de las acciones que discutiremos aquí son acciones de crecimiento, valor y acciones de primera calidad (blue-chip).

Acciones de Primera Calidad (Blue-Chip)

Las acciones de primera calidad son aquellas de compañías que son pilares de larga data en el mercado. Dichas acciones son antiguas pero se mueven con el mercado de una manera más predecible. Como resultado, las acciones de primera calidad pueden ayudarte a sobrevivir las recesiones económicas y los cambios en el mercado. Walmart (WMT) es un buen ejemplo de una acción de primera calidad, y es una cadena de tiendas desde 1962. La capitalización de mercado de esta compañía puede alcanzar hasta $4 mil millones mientras que sus ingresos anuales fueron de $500 mil millones a partir de 2020. Walmart tiene una estabilidad relativamente buena en el mercado en su conjunto.

Acciones de Valor

En la inversión de valor, identificas acciones que están infravaloradas y luego las compras con la esperanza de que suban a su verdadero valor. Aunque hacer esto generalmente no es fácil, el análisis financiero ayuda. Observa el negocio y cómo han estado desempeñando sus acciones.

Acciones con Dividendos

Cuando una empresa emisora obtiene beneficios, distribuye partes de estos ingresos a sus accionistas en forma de dividendos. Si prefieres que tus acciones te paguen, opta por acciones con dividendos. Puedes recibir tus dividendos en efectivo, pero también existe la opción de reinvertir en más acciones. Considera invertir en acciones con dividendos que muestren un crecimiento constante y ten cuidado con los dividendos que tienden a ser demasiado altos. Dividendos altos podrían reflejar que los inversores podrían estar esperando una caída en el precio de la acción.

Acciones de Crecimiento

Tres factores se utilizan para determinar las acciones de crecimiento y estos son:

- Crecimiento de ventas

- Momento o impulso (momentum)

- Relación entre los cambios en las ganancias y el precio.

Amazon (AMZN), Netflix (NFLX) y Meta (FB) son algunas de las empresas que pueden describirse como acciones de crecimiento, basadas en los factores determinantes que mencionamos. Las ganancias de las acciones de crecimiento aumentan a un ritmo más rápido, en comparación con otras acciones que están en el mercado. Las empresas más pequeñas y nuevas pueden tener un gran margen de crecimiento, aunque pueden ser más arriesgadas para los nuevos inversores. Las acciones de crecimiento más grandes pueden presentar menos riesgo, aunque las ganancias pueden ser relativamente más bajas que las de los nuevos negocios.

VENTAJAS Y DESVENTAJAS DE COMPRAR ACCIONES

Ventajas:

- Puedes obtener ingresos de los dividendos.

- Encontrar acciones ganadoras puede ser muy satisfactorio.

- Puedes pivotar cuando las tendencias del mercado cambian.

- El potencial de crecimiento es alto.

Desventajas:

- Las acciones de bajo rendimiento pueden causar estrés.

- Las pérdidas son impredecibles.

- Las acciones ganadoras son difíciles de identificar.

- Los pagos de dividendos son impredecibles.

ESTRATEGIAS DE INVERSIÓN EN ACCIONES PARA PRINCIPIANTES

La inversión no es una estrategia de "talla única". Hay varias maneras en las que puedes hacerlo. En esta sección, vamos a profundizar en algunas de las estrategias que podrías considerar.

Inversión en Dividendos

Cuando compras acciones que pagan dividendos, con el objetivo de obtener ingresos constantes de tus inversiones, esto se refiere como inversión en dividendos. Esto es aparte de las ganancias que se acumulan en tu cartera a medida que tus acciones aumentan en valor. Si tomas decisiones acertadas, la inversión en dividendos es bastante gratificante a largo plazo. Tienes la opción de recibir tus dividendos en efectivo. Alternativamente, algunas compañías te permiten usar el plan de reinversión de dividendos (DRIP), donde utilizas tus ingresos para comprar más acciones. Esta es una gran idea si deseas aumentar tus dividendos para ganar más con el tiempo.

Seguridad en la Inversión en Dividendos

La seguridad en la inversión en dividendos se determina evaluando la posibilidad de que una empresa pague constantemente dividendos al mismo ritmo o a uno mayor. Puedes buscar información proporcionada por compañías que evalúan la seguridad de las inversiones en dividendos. Además, puedes hacer una investigación adicional comparando las ganancias contra los pagos de dividendos. Supongamos que una empresa gana

$120 millones. Si paga $100 millones en dividendos, entonces invertir en esta empresa es lucrativo porque ganarás más beneficios. También ten en cuenta que si las ganancias de la empresa disminuyen, los dividendos también tienen más probabilidades de disminuir. Por lo tanto, es importante evaluar el historial de crecimiento y beneficios de la empresa para respaldar aún más tu evaluación de la seguridad en la inversión en dividendos.

Enfoques para la Inversión en Dividendos

Dos estrategias principales suelen ser empleadas por buenos inversores en dividendos. Estas son:

- **Enfoque de alto rendimiento de dividendos:** Esta estrategia se enfoca en compañías caracterizadas por alto flujo de efectivo y crecimiento lento. Debido a su alto flujo de efectivo, estas compañías pueden financiar dividendos a los que incluso puedes acceder inmediatamente.

- **Enfoque de alto crecimiento de rendimiento de dividendos:** En este caso, te enfocas en compañías de rápido crecimiento que actualmente están pagando bajos dividendos. Esto significa que tus dividendos tienen más probabilidades de crecer significativamente con el tiempo. Este método trae crecimiento a largo plazo.

Ventajas Fiscales

Si estás buscando aprovechar ventajas fiscales, podrías considerar invertir en dividendos "calificados". A diferencia de los dividendos no calificados, que se gravan como ingresos ordinarios, los dividendos calificados disfrutan de tasas de impuestos más bajas si se mantienen por un periodo mínimo de 60 días.

¿Qué Debes Tener en Cuenta?

Si estás utilizando una cuenta de margen para invertir, no una cuenta de efectivo, tu corredor puede prestar tus acciones a otros comerciantes para la venta en corto. En la venta en corto, también conocida como venta en corto de acciones, los comerciantes venden acciones que no son suyas. Si te perdiste algún dividendo durante el tiempo en que tus acciones fueron prestadas a otros comerciantes, estos "vendedores en corto" deben pagártelos. Esto es posible porque estás utilizando una cuenta de margen por lo que no estás sosteniendo realmente la acción.

Otra cosa a tener en cuenta es que el efectivo se considera ingreso ordinario. Por lo tanto, tus tasas impositivas serán más altas.

SUGERENCIAS DE INVERSIÓN

En esta sección, te proporcionaré una lista de acciones que pagan dividendos valiosos que podrías tener en cuenta. Además, considera explorar fondos mutuos y ETFs que se concentran en generar ingresos por dividendos.

Los dividendos de acciones incluyen:

- Coca-Cola (NYSE: KO)

- Home Depot (NYSE: HD)

- Target (TGT)

Los fondos indexados de dividendos incluyen:

- ProShares S&P 500 Aristocrats ETF (NYSEMKT:NOBL)

- Vanguard High Dividend Yield ETF (NYSEMKT:VYM)

- Schwab U.S. Dividend Equity ETF (NYSEMKT:SCHD)

- iShares Core Dividend Growth ETF (NYSEMKT:DGRO)

- Invesco S&P 500 High Dividend Low Volatility ETF (NYSEMKT:SPHD)

- Vanguard Real Estate ETF (NYSEMKT:VNQ)

- iShares Core High Dividend ETF (NYSEMKT:HDV)

Los ETFs de dividendos incluyen:

- Global X SuperDividend ETF (SDIV)

- Invesco S&P 500 High Dividend Low Volatility ETF (SPHD)

- iShares Preferred and Income Securities ETF (PFF)

- Invesco KBW High Dividend Yield Financial ETF (KBWD)

- WisdomTree U.S. High Dividend Fund (DHS)

- SPDR Dow Jones Industrial Average ETF Trust (DIA)

- Global X SuperDividend U.S. ETF (DIV)

Los fondos mutuos de dividendos incluyen:
- Philip Morris International (NYSE:PM)

- Gilead Sciences (NASDAQ:GILD)

- AbbVie (NYSE:ABBV)

- Chevron (NYSE:CVX)

- ExxonMobil (NYSE:XOM)

- British American Tobacco (NYSE:BTI)

- Southern Company (NYSE:SO)

INVERSIÓN DE ÍNDICES

La inversión de índices es una estrategia de compra y retención diseñada para replicar el rendimiento de un índice de mercado específico (Chen, 2020). Esto se logra adquiriendo los valores que forman parte del índice. Como alternativa, puedes optar por invertir en un ETF o un fondo mutuo que siga el índice deseado.

Beneficios

La inversión en índices es un método pasivo. Por lo tanto, las tasas de gastos (ER, *"Expense Ratio"*) y las tarifas de gestión de los fondos de índice son relativamente más bajas en comparación con los fondos gestionados activamente. Con la inversión en índices, puedes tener éxito sin la asistencia de gestores de carteras, y esto contribuye a tarifas más bajas también. Los fondos de índice son más eficientes en cuanto a impuestos debido a las operaciones menos frecuentes que están involucradas. Los fondos de índice involucran diferentes activos y esto contribuye a la diversificación. De esta manera, los riesgos se distribuyen sobre los activos. Los beneficios que hemos descrito en esta sección hacen que la inversión en índices sea una excelente opción para las mujeres que se introducen en el negocio por primera vez.

Limitaciones

La capitalización de mercado es un factor vital en la creación de fondos de índice. Como resultado, las grandes compañías afectan significativamente los movimientos del índice. Por ejemplo, si compañías como Amazon están involucradas, todo el índice se ve notablemente afectado si dicha organización experimenta un período de malos negocios. Además, la estrategia pasiva asociada con la inversión en índices tiende a ignorar factores del mercado como el momentum, el valor y la calidad.

Ejemplos de Fondos de Índice y ETFs

Algunos de los fondos de índice en los que puedes invertir son:

- Vanguard Total Stock Market ETF

- iShares Core S&P 500 ETF

- SPDR Dow Jones Industrial Average ETF Trust

- Fidelity ZERO Large Cap Index

- Schwab S&P 500 Index Fund

- Shelton NASDAQ-100 Index Direct

INVERSIÓN EN ACCIONES VERSUS TRADING

Puede que hayas encontrado casos donde la inversión en acciones y el trading se utilizan casi de manera intercambiable. Sin embargo, estos términos no son sinónimos el uno del otro. Básicamente, el trading de acciones implica comprar y vender acciones para obtener ganancias inmediatas o a corto plazo. Cuando inviertes en acciones, estarás buscando ganancias a largo plazo. Por lo tanto, la inversión en acciones y el trading son similares en el sentido de que ambos tienen como objetivo obtener ganancias del mercado de valores.

Otra diferencia es que los inversores y los traders tienen diferentes puntos de enfoque. Los traders centran su atención en los aspectos técnicos de una acción, en lugar de las perspectivas a largo plazo de la empresa emisora. La principal preocupación de los traders es determinar el próximo movimiento de la acción para que puedan posicionarse para obtener ganancias a corto plazo. En cuanto a los inversores, investigan el potencial de una empresa en términos de valor o crecimiento.

Si tu interés está en el trading, aquí tienes algunos consejos a tener en cuenta:

- Siempre mantente fiel a tu plan original, sin importar los pequeños cambios en el mercado.

- Mantén tus impuestos bajo control.

- Crea un plan claro que determine cuándo vender o comprar acciones. Por ejemplo, puedes decidir comprar acciones solo cuando su precio haya caído un cierto porcentaje.

- Solo opera con la cantidad de dinero que estés dispuesto a perder.

Si la inversión es más atractiva para ti, mantén estos consejos a mano:

- Mantén claros tus objetivos de inversión.

- Toma nota de tu nivel de tolerancia al riesgo.

- Prepárate mentalmente para que desarrolles la paciencia y la disciplina que necesitarás a través de todos los altibajos.

- Considera invertir en fondos de índice porque imitan el rendimiento del índice de mercado, en lugar de intentar superar al mercado.

ERRORES COMUNES DE LOS PRINCIPIANTES

Uno de los temores más comunes que enfrentan los inversores novatos es la preocupación de cometer errores que puedan resultar en pérdidas significativas. Si estás experimentando

este tipo de ansiedad, es completamente normal. De hecho, este miedo puede ser benefi-
cioso, ya que te incentiva a ser más precavida al adentrarte en el mercado de valores. El
objetivo de esta sección es proporcionarte conocimientos anticipados sobre ciertos errores
que debes procurar evitar.

- **Invertir con la mentalidad de un trader:** Desde el principio, ten en cuenta
  que invertir es un negocio a largo plazo y ganas tus beneficios a lo largo de mucho
  tiempo. No intentes apresurar las cosas para obtener ganancias rápidas.

- **Invertir en una acción únicamente por retornos altos:** Los movimientos de
  las acciones son cíclicos, por lo que no hay garantía de que el precio que podría
  atraerte se mantenga durante mucho tiempo. En cambio, invierte en función de
  factores como el modelo de negocio de una empresa, objetivos de crecimiento y
  estilo de gestión.

- **Invertir con emociones:** Involucrar tus emociones a menudo te lleva a ignorar
  señales de advertencia evidentes, lo que finalmente conduce al fracaso. Si ves
  que las emociones te están afectando, acércate a un asesor profesional para evitar
  tomar decisiones drásticas.

- **Basar tus decisiones de compra en recomendaciones:** Aunque obtener
  recomendaciones de amigos, colegas y familiares es genial en algunos asuntos,
  no lo es tanto en la inversión. Recuerda que tus objetivos y tolerancia al riesgo
  son diferentes a los de los demás. Toma tus decisiones basadas en lo que se adapte
  a tu situación.

- **Copiar la cartera de un inversor exitoso:** No recomendamos intentar evitar
  la investigación relevante buscando los componentes de la cartera de un inversor
  renombrado como Warren Buffett. Tus objetivos, conocimientos y situaciones
  generales son diferentes, por lo que lo que funcionó para ellos no necesariamente
  hará lo mismo por ti.

INVERTIR EN ESTADOS UNIDOS DESDE EUROPA

La ciudadanía no es un requisito para poseer acciones en empresas estadounidenses.
Sin embargo, aún recomiendo que contrates la asistencia de un profesional y obtengas

asesoramiento de una firma de inversión de tu elección. Aunque a los individuos de fuera de EE. UU. no se les prohíbe operar con bonos y acciones estadounidenses, hay algunas cosas que vale la pena conocer y considerar. Hay reglas y regulaciones destinadas a proteger los intereses de EE. UU. y si eres una inversora extranjera, estás obligada a cumplir con ellas. Contrata a un corredor de bolsa para que te informes sobre estas regulaciones.

En un esfuerzo por evitar casos en los que los terroristas financien sus actividades ilegales a través de los mercados estadounidenses, los procedimientos de identificación para ciudadanos no estadounidenses son bastante estrictos. Por lo tanto, debe estar preparado para proporcionar cualquier documento de identificación adicional a pedido. También se le puede solicitar que proporcione información sobre su visa, el formulario de Certificado de Estado del Propietario Beneficiario para la Retención e Información Fiscal de Estados Unidos (W-8BEN), o un número de Seguro Social válido.

Implicaciones Fiscales Involucradas

Si operas con acciones y bonos de EE. UU. sin ser ciudadana, hay implicaciones fiscales involucradas. Si calificas como no residente de EE. UU. a efectos fiscales, estarás exenta del impuesto sobre las ganancias de capital. Esto significa que este impuesto no se pagará de las ganancias que obtengas de tus inversiones. En el evento de que inviertas en una empresa que paga dividendos, tus ganancias se gravan a una tasa del 30%. La tasa solo se reduce bajo condiciones especificadas, por ejemplo, si tu país de residencia tiene un cierto tratado con EE. UU. En algunos casos, las ganancias relacionadas con intereses pueden venir con tasas de impuestos más bajas. Además, cuando operas con ciertos activos estadounidenses, no puedes escapar de la tributación de bienes y regalos. En este caso, la tasa máxima de impuestos es del 40%, aunque hay una exención de $60,000 que solo está disponible tras la muerte.

APLICACIONES PARA INVERTIR EN ACCIONES

Como principiante en inversiones, hay muchas cosas que necesitas saber y entender antes de comenzar a poner tu dinero en juego. Sin embargo, aunque adquirir tal conocimiento es de suma importancia, hay aplicaciones que pueden hacerte la vida más fácil, ¡gracias a la tecnología! Veamos algunas de las aplicaciones que hacen que tus momentos de novato valgan la pena:

- **Robinhood:** Esta aplicación te permite operar en acciones, ETFs y opciones. Además de ofrecerte operaciones sin comisión, esta aplicación también te brinda una acción gratuita al registrarte.

- **Webull:** Esta aplicación es ideal para traders intermedios e inversores autodirigidos. Las operaciones son sin comisión. Al depositar $5, obtienes cinco acciones gratuitas, cuyos valores están entre $27 y $9,600. También tienes la oportunidad de realizar una operación en criptomonedas.

- **Sofi Invest:** Con la aplicación Sofi Invest, accedes a inversiones automatizadas y comercio activo sin tener que pagar tarifas. Además de operaciones sin comisión, también obtienes acciones gratuitas valoradas entre $5 y $1,000.

- **Coinbase:** Esta aplicación te permite invertir en acciones y criptomonedas.

- **Vanguard:** Esta es una plataforma de comercio de acciones gratuita a la que puedes acceder a través de la aplicación Android en Google Play, Apple IOS o computador. Esta aplicación permite operaciones sin comisión.

Este capítulo te ha guiado a través de los detalles de la compra de tus primeras acciones, incluyendo aspectos que debes considerar al comenzar tu trayectoria de inversión. Ahora que has dado el primer paso, es momento de concentrarse en el crecimiento. Por esta razón, el próximo capítulo ofrecerá orientación sobre cómo "acumular y diversificar" tu cartera para favorecer un crecimiento sostenido de tus inversiones.

PASO 5

¡ACUMULAR Y DIVERSIFICAR!

I magina que colocas naranjas en una cesta y una de ellas comienza a pudrirse. Es probable que más naranjas en la cesta también se pudran con el tiempo. Antes de que te des cuenta, toda la cesta estará llena de naranjas podridas. Aunque esto puede ser una pérdida frustrante, se sentirá mejor si tienes otras cestas de naranjas aparte de las que tienen las podridas. De esta manera, se reduce el riesgo de perder todas las naranjas. Este es el poder de la diversificación, que también se aplica bien a la inversión. En este capítulo, exploraremos la importancia de la asignación de activos y la diversificación de la cartera.

AÑADIENDO A TU PORTAFOLIO DE ACCIONES

Aquí te respondo a la pregunta, *"¿Cuál es la mejor manera de añadir acciones a mi cartera?"*. La estrategia más óptima es aquella que reduce al mínimo el riesgo asociado con la inversión. El "promedio de costo en dólares" y la estrategia de "comprar y mantener" son dos de las tácticas sugeridas para incrementar tu portafolio de acciones de manera prudente.

Promedio de Costo en Dólares

Con el promedio de costo en dólares (DCA, por sus siglas en inglés), repartes las compras invirtiendo en fondos o acciones en cantidades más pequeñas, pero en intervalos regulares de tiempo. Al aplicar esta estrategia, compras acciones a precios altos y bajos. De esta manera, tu precio de compra promedio no es ni alto ni bajo; está en algún punto intermedio.

Hay tres beneficios principales que puedes obtener del DCA:

- La estrategia funciona bien a largo plazo.

- Ayuda a los inversores a evitar la tendencia a cronometrar sus compras incorrectamente.

- Es más fácil mantener las emociones a raya.

¿Cómo Empezar con DCA?

Para comenzar el enfoque DCA, debes hacer arreglos con el corredor de bolsa con el que estás trabajando. Tendrás que decidir la acción que desearías comprar. Luego puedes acercarte a tu corredor para que organicen un plan para compras automáticas en intervalos regulares. En el caso de que tu cuenta de corretaje no venga con un plan de trading automático, es posible configurar un horario fijo para tus compras. Por ejemplo, podrías hacer tus compras cada segundo martes de cada mes.

En la estrategia de DCA, los mercados en declive pueden representar una oportunidad, ya que te permiten comprar acciones a un precio más bajo. Por ello, se aconseja continuar invirtiendo a intervalos regulares. Es crucial hacer lo posible por controlar las emociones que pueden influir en tus decisiones de inversión. Sin embargo, si en algún momento decides pausar tus inversiones, también es una opción viable.

Comprar y Mantener

Comprar y mantener es un método pasivo de inversión en el cual un inversor compra acciones u otros valores como ETFs, sin la intención de venderlos pronto. El inversor mantiene las acciones por largos períodos de tiempo, independientemente de las fluctuaciones que puedan ocurrir en el mercado. Si buscas grandes retornos a largo plazo, la estrategia de "comprar y mantener" es útil. Incluso inversores legendarios como Jack Bogle y Warren Buffett pueden dar fe de ello.

En comparación con la gestión activa, comprar y mantener tiende a ser más rentable a largo plazo. El método de comprar y mantener da al inversor la ventaja de diferir los impuestos sobre las ganancias de capital en sus inversiones a largo plazo.

Veamos las acciones de Apple (AAPL) como un buen ejemplo que podría adaptarse al método de comprar y mantener. Supongamos que en enero de 2008, un inversor compró 200 acciones al precio de cierre de la acción de Apple, que era de $18 por acción. Si decidieran mantener la acción hasta enero de 2019, el precio de la acción había subido a $157 por acción (Beers, 2020). ¡Imagina cuántos retornos habrían obtenido en un espacio de 10 años!

DIVERSIFICANDO TU PORTAFOLIO

La diversificación es uno de los aspectos vitales que no solo debes entender, sino también incorporar como parte de tus estrategias de inversión, porque te permite equilibrar los riesgos involucrados contra los horizontes temporales. Prepárate para aprender más sobre diversificación en esta sección.

Los Componentes Principales de un Portafolio Diversificado

Un portafolio bien diversificado tendrá cuatro componentes principales: bonos, acciones nacionales, inversiones a corto plazo y acciones internacionales.

Acciones Nacionales

Las acciones están asociadas con mayores retornos a lo largo de largos periodos de tiempo. Sin embargo, también vienen con inmensos riesgos, especialmente a corto plazo. También es importante notar que las acciones son altamente volátiles, y esto aumenta la posibilidad de venderlas a precios bajos, siempre que decidas hacerlo.

Bonos

Los bonos son relativamente menos volátiles en comparación con las acciones. Por lo tanto, tenerlos en tu cartera puede protegerte de los cambios negativos en el mercado. Si estás más interesado en la seguridad y menores riesgos que en el crecimiento, los bonos son el camino a seguir. Los bonos también te dan ingresos por intereses de manera regular.

Inversiones a Corto Plazo

Los certificados de depósito a corto plazo (COD) y los fondos del mercado monetario caen bajo esta categoría. Con los fondos del mercado monetario, tus inversiones son conservadoras, lo que viene con una estabilidad relativamente mayor y un acceso más fácil a tu dinero. Si te preocupa preservar el principio, prueba estas estrategias. Sin embargo, los fondos del mercado monetario producen menores retornos que los bonos. A pesar de su considerable seguridad, los fondos del mercado monetario no están asegurados por la Corporación Federal de Seguro de Depósitos (FDIC) como lo están muchos CDs. Por otro lado, los CDs no vienen con tanta liquidez como los fondos del mercado monetario.

Acciones Internacionales

Las acciones internacionales incluyen certificados de depósito a corto plazo y fondos del mercado de dinero. Podrías optar por fondos del mercado monetario por su estabilidad, liquidez y acceso relativamente más fácil al dinero. También podrías optar por los CDs porque están garantizados por la FDIC.

Componentes Adicionales

Ahora tienes una idea de los componentes primarios que podrías incluir en tu cartera. Hay componentes adicionales que podrías considerar, que incluyen fondos de sector, fondos inmobiliarios, fondos enfocados en materias primas y fondos de asignación de activos.

- **Fondos de sectores:** Con los fondos de sectores, inviertes en acciones pero te enfocas en un sector económico específico. Si te intrigan las oportunidades en diferentes fases del ciclo económico, prueba los fondos de sectores.

- **Fondos de bienes raíces:** Los REITs y los fondos de bienes raíces diversifican tu cartera, además de protegerte contra la inflación.

- **Fondos enfocados en materias primas:** Los materias primas (o 'commodities') como el gas y el petróleo son un buen terreno de inversión para inversores experimentados. Las materias primas ayudan a proteger tus inversiones contra la inflación.

- **Fondos de asignación de activos:** Esta estrategia es excelente para personas que no tienen la experiencia y el tiempo para crear diversidad en sus carteras. Los fondos de asignación de activos son un método de fondo único que ahorra tiempo.

Diversidad y Volatilidad del Mercado

El propósito de añadir diversidad a tu cartera es principalmente mitigar el impacto de la volatilidad del mercado. El aumento de ganancias es un objetivo secundario. Dependiendo de los activos que componen tu cartera, la volatilidad puede afectarte en distintos grados. Si alguno de tus activos es particularmente volátil, es prudente equilibrar tu cartera con inversiones más estables. Tienes la posibilidad de realizar ajustes en tu cartera en respuesta a la volatilidad del mercado, buscando así estabilizar tus inversiones.

Tiempo como Parte de Tu Estrategia de Diversificación

Muchas personas ven sus inversiones como un reflejo de sus metas, ya sea para la jubilación, unas vacaciones o los gastos de la universidad. Sin embargo, a pesar de las diferencias en los objetivos que estás persiguiendo, la creación y gestión de tu cartera de inversiones depende de dos factores principales. Estos son tu tolerancia al riesgo y tu horizonte temporal (el plazo en años después del cual necesitarás el dinero). Independientemente de tus horizontes temporales, siempre necesitas estar atento a tu nivel de tolerancia al riesgo.

Supongamos que estás invirtiendo para tu jubilación, que podría llegar en los próximos 30 años. Este es un plazo relativamente largo que te permite recuperar tu espacio incluso si sufres una caída durante un declive del mercado a corto plazo. En tales casos, puedes asignar más espacio a acciones nacionales e internacionales en tu cartera. También es vital notar que tu horizonte temporal cambiará a medida que pasen los años. Por ejemplo, cuando tu jubilación esté a solo nueve años, podrías tener que reorganizar tu cartera porque el horizonte temporal será más corto. Idealmente, componentes más conservadores como fondos del mercado monetario y bonos serán más apropiados. Necesitarás estructurar tu cartera de una manera que mejore la estabilidad y reduzca la exposición al riesgo una vez que entres en tu período de jubilación.

¿CÓMO DIVERSIFICAR?

Conocer y entender la diversificación de carteras es una cosa y practicarla es otra. Por lo tanto, esta sección es la transición de la comprensión teórica a cómo puedes diversificar tu cartera en la práctica. Aquí tienes algunos consejos:

- **Distribuye tu riqueza:** Poner todo tu dinero en una sola acción no es una gran idea, y lo mismo ocurre con centrarse únicamente en un sector. Busca diversas compañías en las que puedas invertir. Incluso podrías considerar diversificar tus inversiones en acciones, ETFs, REITs y materias primas. Otra forma de distribuir tu riqueza es mirar más allá de las fronteras de tu país de origen e internacionalizar. Asegúrate siempre de distribuir tu riqueza dentro del rango de lo que puedes manejar.

- **Considera añadir fondos indexados:** Cuando inviertes en valores que siguen diferentes índices, inculcas diversificación a largo plazo en tu cartera. Incluso puedes añadir fondos de renta fija para proteger aún más tu cartera de la volatilidad impredecible del mercado. Los fondos de renta fija y los fondos indexados están asociados con bajas comisiones, por lo que obtienes mayores ganancias.

- **Construye continuamente tu cartera:** El DCA es una excelente manera de construir continuamente tu cartera y hacerla crecer. Al distribuir tus inversiones a lo largo de períodos regulares de tiempo, nivelas los bajos y altos del mercado con el tiempo. De esta manera, el riesgo asociado con cada inversión se reduce relativamente.

- **Domina el momento de salirte:** Incluso cuando utilizas el DCA y las estrategias de compra y mantenimiento, aún necesitas mantener los ojos abiertos con respecto a las tendencias del mercado. Mantente siempre al día con lo que está sucediendo con las empresas en las que invertiste. Esto te pondrá en una mejor posición para decidir cuándo vender.

- **Investiga el valor de las comisiones:** Las comisiones tienen un impacto en tus ganancias, hasta cierto punto. Conoce las tarifas asociadas con tus inversiones y valóralas frente a lo que estás obteniendo. Por favor, ten en cuenta que las comisiones más baratas no siempre son las mejores. Mantén un ojo en cualquier cambio en las tarifas transaccionales y otras comisiones.

Comprender qué añadir a tu cartera y cómo diversificar son habilidades esenciales para construir, expandir y gestionar tus inversiones. Por esta razón, este capítulo se ha dedicado a abordar este tema tan importante. Sigue enriqueciendo tus conocimientos mientras aprendes a navegar en el mundo de la inversión y te familiarizas con el lenguaje de "los osos y los toros" en el próximo capítulo.

PASO 6

APRENDIENDO EL LENGUAJE DE OSOS Y TOROS

"Oso o toro", 'alcista o bajista" son jergas comunes en el mundo del comercio de acciones. Piensa en el oso y el toro en su forma física y cómo atacan a sus oponentes. Cuando un toro ataca a su oponente, embiste con sus cuernos hacia arriba con fuerza. Por el contrario, el oso arremete hacia abajo. Curiosamente, ambos animales tienen una fuerza característica que es tanto increíble como impredecible. Ahora, ¿cómo se aplican los términos oso y toro en el mercado de valores real?

En general, los mercados de osos y toros se refieren a las condiciones del mercado, pero este capítulo responderá a esta pregunta con más profundidad. También te proporcionará conocimiento sobre las estrategias de inversión que se aplican a los mercados de osos y toros. ¡Vamos a ello!

LOS MERCADOS DE OSOS Y TOROS: UNA VISIÓN GENERAL

Los términos "oso" y "toro" describen si los valores de las acciones están apreciándose o depreciándose. En cualquier caso, la dirección que toma el mercado afecta significativamente a tu cartera, razón por la cual entender estos movimientos es más una "obligación" que una opción.

En el mercado de toros, las condiciones económicas son relativamente favorables porque el mercado está subiendo. Los precios de las acciones estarán aumentando y los inversores generalmente creen que la tendencia continuará bajo tales circunstancias. Durante un mercado de toros, los niveles de empleo son relativamente altos y la economía es generalmente fuerte.

En el mercado de osos, la mayoría de las acciones están depreciándose, lo que significa que están reduciendo su valor. Un mercado de osos se etiqueta como "verdadero" solo si la caída desde los máximos más recientes es de al menos el 20%. A medida que avanza el mercado de osos, los inversores tienden a creer que la situación se prolongará por mucho más tiempo. El desempleo se vuelve más prominente a medida que la gente pierde sus trabajos. La economía en general se debilita. Si bien los mercados de osos y toros parecen denotar la dirección del movimiento de precios de las acciones, también están indirectamente relacionados con los sentimientos y actitudes de los inversores, en respuesta a las condiciones económicas.

CARACTERÍSTICAS DE LOS MERCADOS DE OSOS Y TOROS

Acabamos de definir la característica principal de los mercados de osos y toros, que es el movimiento de precios. Sin embargo, hay otros atributos que puedes usar para definir aún más estos términos. Veamos estas características en esta sección.

- **Demanda y oferta de valores:** En los mercados de toros, la demanda de valores es alta, pero la oferta es débil. Esto significa que habrá muchos inversores que estén listos para comprar valores mientras muy pocos estarán en posición de vender. La competencia por las equidades disponibles aumenta, lo que lleva a un mayor aumento en los precios. Lo opuesto es cierto en los mercados de osos, donde la demanda es menor, por lo que más personas están dispuestas a vender valores a un número menor de compradores disponibles.

- **Psicología del inversionista:** Los sentimientos, emociones y opiniones de los inversores sobre lo que está sucediendo en el mercado también determinan los movimientos de precios. La psicología del inversionista y el rendimiento del mercado de valores dependen mutuamente el uno del otro. Los inversores tienden a participar de buena gana en un mercado alcista debido a la esperanza de obtener más ganancias. En un mercado bajista, los inversores tienden a retirar su dinero de las acciones para colocarlo en valores de renta fija mientras esperan el momento en que el mercado retome el mercado alcista. Esto provoca una disminución en los precios de las acciones.

- **Cambios en la economía:** No podemos separar el mercado de valores del resto de la economía. Esto se debe a que las empresas que tienen acciones en comercio son parte de la economía en general. En un mercado alcista, la gente tiende a gastar más dinero y, por lo tanto, las empresas obtienen más beneficios. La economía se fortalece. En un mercado bajista, las empresas obtienen menos ganancias ya que las cosas son difíciles para casi todos. Esto afecta negativamente la fuerza y salud de la economía en general.

¿Cómo determinar los cambios del mercado?

Determinar si el mercado es alcista o bajista no depende de un solo evento. Es algo que debe ser confirmado por una serie de eventos que ocurren durante un largo período de tiempo. Pequeños movimientos a corto plazo siempre ocurren en el mercado, pero no pueden ser utilizados para medir los movimientos alcistas y bajistas. Por cierto, no siempre es el caso de que el mercado deba ser alcista o bajista. Puede ser estancado con el tiempo a medida que los movimientos ascendentes y descendentes se cancelan entre sí.

ESTRATEGIAS DE MERCADO ALCISTA (TORO)

Aunque los mercados alcistas se caracterizan por precios crecientes de las acciones, esto solo no garantiza altas ganancias. Debes armar estrategias que te pongan en una mejor posición para obtener beneficios en dichos mercados. En esta sección, te daré consejos para sacar el mejor partido de los mercados alcistas.

- **Posiciones largas:** Cuando compras una acción con la expectativa de un aumento en los precios, esto se llama posición larga. A través de esta estrategia, compras un valor a un precio más bajo, lo dejas subir junto con el movimiento ascendente del mercado alcista y luego lo vendes a un precio más alto para obtener ganancias.

- **ETFs largos:** De manera similar a las posiciones largas, puedes comprar un ETF si esperas que el mercado que sigue esté subiendo. Luego puedes vender el ETF a un precio más alto y obtener más ganancias. Considerando que los ETF están asociados con tarifas de transacción y operación más bajas, tienes una mejor oportunidad de ganar más si aprovechas correctamente un mercado alcista.

- **Opciones de compra:** Con una opción de compra, tienes el derecho de adquirir una acción a un cierto precio llamado precio de ejercicio. Este derecho es válido hasta una fecha futura estipulada. A medida que los precios de las acciones subyacentes suben, también lo hacen las opciones de compra. Entonces, una vez que el precio de una acción sube más allá del precio de ejercicio, puedes comprar la acción a un precio más bajo para venderla a un precio más alto. De esta manera, obtienes ganancias.

Aspectos "imprescindibles" aplicables a escenarios alcistas

Como novata en el mercado de valores, esta sección facilitará tu vida cada vez que te enfrentes a mercados alcistas. Aplica los siguientes consejos y demuestra que las mujeres también pueden triunfar en el mercado de valores.

- **Mantén un portafolio con acciones de calidad:** Al comenzar el mercado alcista, diversas compañías, buenas o malas, estarán compitiendo intensamente en el mercado. En este punto es fácil optar por cualquier empresa, dejando de lado la calidad en el proceso. Sin embargo, a medida que la tendencia alcista continúa, la situación se vuelve más gratificante para las empresas de alto valor. Por lo tanto, es mejor apegarse a la calidad desde el principio para aumentar tus posibilidades de éxito.

- **Rota tus ganancias regularmente:** Hay un dicho que dice *"Si algo es demasiado bueno para ser verdad, probablemente no lo sea"* (Motila, s.f.). Esto también se aplica a la inversión. Si el mercado continúa una tendencia alcista, no hay ningún problema en hacer lo que te mantenga a salvo. Toma tus ganancias regularmente para que no las pierdas si las cosas cambian de rumbo.

- **Mantente fiel a tu plan financiero:** Es más fácil desviarse de tu plan original al ver cambios en el mercado. Mantener tu plan financiero e inversor original te ayuda a mantener las variaciones que fomentan una diversificación óptima, distribuyendo así los riesgos y ganando más en el proceso.

- **No esperes demasiado tiempo en tus pérdidas:** Imagina que compras acciones en el pico de un mercado alcista y luego comienza a bajar. Al principio, podrías pensar que es una fluctuación menor, así que mantienes la esperanza de que la tendencia seguirá subiendo. Prepara un plan de salida en caso de que el mercado cambie de dirección. Está lista para salir a un cierto precio, más allá del cual no puedes seguir perdiendo dinero.

- **Un enfoque gradual para invertir es mejor:** Podrías asumir que una inversión global es la mejor para un mercado alcista. Esto podría ser cierto, pero nunca puedes estar demasiado segura sobre el momento para hacer tu inversión global debido al miedo de perderlo todo si la tendencia cambia. Por lo tanto, invertir en diferentes intervalos sigue siendo una mejor opción incluso en un mercado alcista.

- **Adopta un enfoque gradual para vender tus acciones:** El enfoque gradual también se aplica a la venta, al igual que a la compra. Salir de las acciones a precios más altos conlleva mayores ganancias. Cuando aplicas el enfoque gradual en la venta, la probabilidad de que vendas a precios progresivamente más altos es enorme.

- **Juega con el impulso general:** A pesar de que la tendencia a largo plazo del mercado pueda ser alcista, las fluctuaciones en el corto plazo son habituales. Es importante operar de acuerdo con la tendencia general y evitar conjeturas que no se basen en datos concretos. Así, puedes optar por comprar cuando los precios están en alza con la expectativa de que aumenten aún más, o puedes esperar a que los precios bajen para adquirir acciones a un costo menor, según lo que mejor se ajuste a tu estrategia de inversión.

- **Cubre tus riesgos utilizando opciones:** Las opciones proporcionan protección contra las pérdidas a bajo costo. Todo lo que tienes que hacer es soltar una pequeña parte de tu inversión, en un esfuerzo por asegurar tu cartera.

ESTRATEGIAS PARA MERCADOS BAJISTAS (OSO)

Una vez que los precios del mercado de valores disminuyen al menos un 20% desde el pico más reciente, podemos decir con seguridad que el mercado ha asumido una tendencia bajista. Dado que esta disminución está correlacionada con el debilitamiento de la economía, el mercado bajista es una amenaza para muchas inversiones. Sin embargo, hay estrategias que puedes implementar para sobrevivir a los mercados bajistas y las discutiremos en esta sección.

- **Aplica el Promedio de Costo en Dólares (DCA):** Con DCA, inviertes una suma fija de acciones a intervalos regulares. Con esta estrategia, puedes comprar más a medida que los precios en el mercado bajan. También compras menos a medida que los precios suben. Tal escenario convierte la situación bajista a tu favor.

- **Calibra siempre el riesgo involucrado:** Evalúa tu nivel de riesgo e invierte en consecuencia. Por ejemplo, alguien con grandes cantidades de dinero en el mercado de valores tiene más riesgo que alguien con inversiones más pequeñas. De manera similar, alguien que se acerca a la jubilación es más probable que use un enfoque más conservador que un trabajador más joven cuando se enfrenta a un mercado bajista. Por lo tanto, conoce tu posición y establece métodos de reducción de riesgos que te ayudarán a sobrevivir.

- **Diversifica:** El riesgo de invertir es mayor en los mercados bajistas. Para este punto, hemos establecido el hecho de que la diversificación es una gran herramienta para distribuir el riesgo en tu cartera. Por lo tanto, puedes aplicar esta estrategia para reducir el riesgo que debes asumir con cada inversión.

- **Usa opciones como cobertura:** Invertir en opciones, por sí solo, raramente resulta en grandes ganancias, ya que la mayoría de los operadores de opciones tienden a perder dinero. No obstante, las opciones pueden servir como una forma de proteger tus inversiones existentes, lo que puede incrementar tus posibilidades de atravesar con éxito períodos de mercado bajista.

Consejos para la Preparación Antes de Invertir en un Mercado Bajista

Los mercados alcistas pueden extenderse por largos periodos de tiempo, pero nunca para siempre. Por lo tanto, en cualquier momento, tu cartera debe estar preparada para un mercado bajista, pero ¿cómo puedes asumir ese estado de preparación? Ampliaremos más sobre eso en esta sección.

- **Reúne suficientes recursos para lidiar con la crisis:** Es menos probable que entres en pánico si sabes que tienes suficiente efectivo en tu cuenta de ahorros para sobrevivir los próximos 12 meses. Incluso podrías recurrir a tus fondos del mercado monetario para la crisis que viene con los mercados bajistas. Reúne recursos que serán útiles cuando el mercado alcista se vuelva bajista.

- **Tu cartera debe reflejar tus objetivos:** Al invertir, asegúrate de para qué necesitas el dinero. Estos podrían ser objetivos a corto o largo plazo. Si tienes dinero que no puedes permitirte perder, inviértelo en activos más estables como CDs y fondos del mercado monetario. Puedes invertir el dinero que no piensas usar en el futuro cercano en acciones para hacerlo crecer.

- **Los mercados bajistas no duran mucho:** Las estadísticas muestran que los mercados alcistas pueden durar hasta seis años, en promedio, en comparación con los 15 meses para los mercados bajistas. Esta información muestra que los mercados bajistas generalmente son de corta duración, por lo que a veces, no es necesario entrar demasiado en pánico. Mantén la calma suficiente para sobrevivir al mercado bajista porque es muy probable que otro mercado alcista esté a la vuelta de la esquina.

- **Recuerda que la diversidad es clave:** La diversidad en tu cartera es una excelente manera de protegerte contra posibles pérdidas. Diversificar el riesgo de inversión a través de la diversificación te brinda tranquilidad, incluso durante las caídas del mercado.

- **Identifica un buen asesor financiero:** Tiene que ser alguien en quien puedas confiar. Hay momentos en los que tomar decisiones racionales puede ser muy difícil. Es entonces cuando necesitas a alguien más para ayudarte a tomar las decisiones correctas. Aquí es donde un asesor financiero confiable puede ser muy útil.

LIDIANDO CON EL RUIDO DEL MERCADO

El ruido del mercado se refiere al exceso de información y datos de precios momentáneos que pueden oscurecer la verdadera tendencia subyacente del mercado. Factores como la volatilidad intradía y pequeñas correcciones temporales forman parte de este ruido, ofreciendo a veces señales equívocas sobre la dirección futura del mercado. Para discernir la tendencia real, se utilizan gráficos especializados que ayudan de dos maneras principales. En primer lugar, pueden proporcionar un promedio de los precios que resulta en una visualización más clara y suavizada de la tendencia. En segundo lugar, algunos gráficos se centran únicamente en los precios que reflejan y confirman la dirección predominante de la tendencia del mercado.

Este capítulo te ha dado una base clara sobre el lenguaje de "osos y toros". Hemos agregado estrategias para lidiar con los mercados bajistas y alcistas a tu caja de herramientas. También destacamos brevemente el ruido del mercado y cómo distorsiona tu capacidad para determinar si el mercado es realmente bajista o alcista. Ahora que tienes esta información a tu alcance, debes aprender a mantener la calma y seguir el curso. El paso 7 te dará consejos sobre cómo hacerlo.

PASO 7

MANTÉN LA CALMA Y SIGUE EL CURSO

A decir verdad, no puedes eliminar las emociones cuando inviertes. La diferencia solo está en el tipo de emociones que podrías estar experimentando en cualquier momento dado. ¿Están esas emociones trabajando a tu favor o en tu contra? Recomiendo que fomentes emociones que trabajen para ti, las que te mantienen tranquila y enfocada en tus inversiones y objetivos. Esto significa eliminar ciertas emociones, como el miedo, que pueden alterar tu capacidad para tomar decisiones acertadas. En este capítulo, el enfoque principal está en cómo puedes manejar las emociones para que puedas evitar las trampas que vienen con no hacerlo. Básicamente, profundizaremos un poco más en la psicología detrás de invertir en el mercado.

EMOCIONES INVOLUCRADAS EN LA INVERSIÓN

Estar prevenida es estar armada. En esta sección, señalaré algunas de las emociones que debes tener en cuenta al invertir. Exploraremos los posibles efectos de estas emociones en tus procedimientos de toma de decisiones. Esto te ayudará a reconocer varias emociones y a lidiar con ellas de manera adecuada una vez que se crucen en tu camino.

- **Falta de paciencia:** Las inversiones a largo plazo generalmente vienen con mayores retornos a la larga. Sin embargo, la falta de paciencia puede llevarte a optar por inversiones a corto plazo con la esperanza de obtener beneficios más rápido. La paciencia también es importante en algunos bajones del mercado.

Cuando la falta de paciencia te afecta, puedes terminar vendiendo tus acciones incluso con pérdida, mientras que con un poco de paciencia, te hubieras visto obteniendo ganancias de tus inversiones. Como mencione anteriormente, las caídas raramente duran mucho.

- **Anclaje de precios:** Cada vez que comienzas a rastrear una acción, se muestra un precio en ella. Es fácil asumir que este precio es el valor real de la acción, por lo que determinas las subidas y bajadas basándote en ese precio en particular. Este es el anclaje de precios. Esta emoción también entra en juego cuando utilizas el rendimiento pasado para determinar las tendencias futuras del mercado. Siempre recuerda que hay muchos otros factores involucrados en determinar la dirección del movimiento del mercado, incluida la competencia futura, las innovaciones, así como la oferta y demanda básicas.

- **Presión de grupo:** La tendencia a seguir a la mayoría es otra emoción negativa de la que debes tener cuidado. No hay nada de malo en obtener ideas de los demás, pero basar todas tus decisiones en las opiniones de otros inversores puede llevar a pérdidas posiblemente evitables. Lo que funcionó para tus amigos, familiares y colegas podría no funcionar para ti. Además, ten cuidado con los comentaristas de noticias y otras fuentes de información que podrían desencadenar la presión de grupo.

- **El arrepentimiento después de una inversión:** Cuando sientes que tu decisión de inversión fue pobre, puedes experimentar sentimientos de arrepentimiento. Algunos de los errores que pueden causar arrepentimiento son hacer proyecciones pobres o subirse a un tren de moda demasiado tarde. El arrepentimiento es más probable que te lleve a cortar tus pérdidas, a veces incluso conduciendo a más pérdidas.

- **Optimismo y pesimismo:** Estas dos emociones a menudo emanan de noticias y otras fuentes de información. Cuando te encuentras con información que parece positiva, esto puede elevar tus esperanzas demasiado alto, haciendo que pienses que el mercado irá en dirección ascendente. Esto puede causarte una reacción exagerada. Lo mismo aplica cuando recibes información negativa.

- **Miedo a perderse de algo:** Hay muchas reacciones exageradas que ocurren en el mercado como resultado del miedo a perderse algo. Esta emoción hace que los inversores vendan sus acciones en una etapa temprana para comprar las que parecen estar en rápido ascenso. Una vez que la que persiguieron parece no subir más, venden y buscan otra acción en ascenso. Esta tendencia puede llevar a una pérdida acumulativa que los inversores podrían no darse cuenta a largo plazo.

¿ES IMPORTANTE LA PSICOLOGÍA DEL TRADING?

La psicología del trading es cuando eres capaz de manejar tus emociones y ejercer disciplina y sí, es de suma importancia. Esto se debe a que tu mentalidad como inversor contribuye mucho a tu éxito. En la mayoría de los casos, invertir implica la necesidad de tomar decisiones rápidas y precisas, y esto puede ser difícil cuando no puedes regular las emociones involucradas. El miedo y la codicia son las principales emociones que vale la pena manejar a lo largo de tu viaje de inversión.

Lidiando con el Miedo

Lidiar con el miedo comienza por comprender qué es esta emoción. En general, el miedo es la sensación que surge cuando reaccionas ante una amenaza percibida. Por lo tanto, cuando la información a tu alrededor sugiere que la economía está decayendo, es probable que te asustes. Ten en cuenta que esta es una reacción común y natural. Aunque quizás no puedas eliminar completamente el miedo, cuantificar esta emoción podría ayudarte a manejarlo. Hacer esto es prácticamente imposible cuando ya estás sumergida en la emoción, así que considera cuantificar tu miedo mucho antes de que ocurra un incidente malo en el mercado. Al cuantificar el miedo, hazte preguntas como *"¿De qué tengo miedo?"* y *"¿Por qué me asusta tanto esta situación?."* Este ejercicio te calmará y te pondrá en una mejor posición para lidiar con el miedo.

Lidiando con la Codicia

Una vez que comiences a obsesionarte con obtener un poco más de ganancia, podrías estar lidiando con un caso de codicia. A veces, simplemente podrías querer hacerlo mejor que antes. El problema con este tipo de codicia es que si la tendencia se revierte, tiendes a perder. Haz todo lo posible para evitar tomar decisiones basadas en instintos, pero sí en un pensamiento racional.

LA SINCRONIZACIÓN DEL MERCADO: ¿INGREDIENTE PARA EL FRACASO O EL ÉXITO?

La sincronización del mercado es un tema de debate entre los inversores, algunos afirman que es un método viable para alcanzar el éxito, mientras que otros son escépticos sobre su efectividad. Los críticos de la sincronización del mercado argumentan que, aunque puedas encontrar indicadores que sugieran una tendencia en una dirección determinada, el riesgo de hacer interpretaciones incorrectas es considerable. Precisar el momento óptimo para entrar o salir de una tendencia de mercado es una tarea compleja y llena de incertidumbres.

Uwe Lang es uno de los principales defensores de la sincronización del mercado. Cree que comprar y mantener acciones mata las ganancias porque tiendes a perder beneficios durante el tiempo en que conservas tus acciones. Sin embargo, esto podría ser cierto para personas que tienen grandes inversiones, como Lang, pero comprar y mantener podría ser una herramienta importante para muchos otros inversores. Lo último es especialmente cierto para aquellos que aún están probando las aguas en el mercado de valores. Aprovechar las tendencias del mercado podría funcionar mejor para las personas que están disponibles para rastrear el mercado todo el tiempo. De lo contrario, si tienes un trabajo de 9:00 a 5:00, la sincronización del mercado es una idea complicada.

LAS MUJERES SOMOS MEJORES INVERSORES

¿Sabías que eres una gran inversora simplemente por ser mujer? Solo necesitas explotar tus habilidades y naturaleza para que puedas hacer crecer tu dinero y riqueza. Los resultados de la investigación realizada por Fidelity mostraron que las mujeres superan a los hombres cuando se trata de invertir (Birken, 2021). Como resultado, las mujeres tienden a entrar en sus períodos de retiro con más dinero. ¡Esta puedes ser tú en los próximos años!

Aquí hay algunas razones por las cuales las mujeres tienen la ventaja de triunfar en el mercado de valores, más que los hombres:

- **Investigación:** Según el estudio, se ha descubierto que las mujeres tienden a investigar más sus opciones de inversión en comparación con los hombres

(Birken, 2021). Este enfoque minucioso coloca a las mujeres en una posición ventajosa para realizar inversiones más informadas y gestionar sus carteras de manera más efectiva.

- **Autocontrol:** Se ha observado que las mujeres suelen demostrar un mayor autocontrol en la inversión, manteniendo la serenidad incluso ante las fluctuaciones del mercado. Esta capacidad para no dejarse llevar por las emociones del momento les permite mantener sus inversiones a largo plazo, lo cual puede resultar en mayores ganancias. En contraste, algunos hombres tienden a ser excesivamente confiados en sus decisiones de mercado, lo que en ocasiones puede llevar a pérdidas. Tal tendencia es menos frecuente entre las inversoras.

- **Aversión al riesgo:** El hecho de que las mujeres sean más cuidadosas cuando se trata de riesgos involucrados en la inversión no significa que sean adversas al riesgo. Más bien, se toman el tiempo para evaluar la situación y optan por los riesgos que pueden asumir razonablemente.

Las emociones podrían afectar negativa o positivamente tu experiencia de inversión, pero esto es cuestión de elección. Puedes decidir controlar tus emociones y alcanzar una mentalidad más enfocada. Con una mentalidad tranquila, tienes la ventaja de tomar mejores decisiones.

Felicidades por haber llegado al final de este libro y, aún más, por haberte equipado con la valiosa información que se ha proporcionado. Ahora, probablemente reconoces que eres la candidata ideal para invertir en la bolsa de valores. Ser mujer es una fortaleza, no una excusa para abstenerse de invertir. Utiliza tu perspectiva única como mujer y da los pasos hacia tu primera inversión. Disfruta del proceso y del crecimiento de tu patrimonio que vendrá con él.

CONCLUSIÓN

Este libro comenzó abriendo tus ojos a las razones por las cuales invertir es una buena elección. Este arte te da la oportunidad de acumular dinero para tu período de retiro. Incluso podrías retirarte temprano si necesitas hacerlo. Invertir es una excelente manera de ahorrar tu dinero, incluso mucho mejor que mantenerlo en una cuenta de ahorros donde la inflación podría afectarlo. Si tienes metas financieras que tu trabajo normal de 9:00 a 5:00 no puede ayudarte a realizar, invertir podría ser el camino a seguir. Este libro introdujo además siete pasos que te darán una buena base para comenzar tu viaje en la inversión.

Primero, debes entender cómo funciona el mercado de valores. Básicamente, inviertes tu dinero para comprar valores que luego puedes vender en una etapa posterior para obtener ganancias. Si compras acciones, estás comprando típicamente participaciones de una empresa. Esto te hace accionista de esa empresa, lo que te hace acreedor a las ganancias que genera. Esto significa que también ganarás de las ganancias de la empresa, basado en cuántas acciones posees.

Segundo, necesitas estar segura del tipo de inversión que prefieres. Hay muchas opciones, que incluyen acciones, fondos mutuos, ETFs y REITs. Al seleccionar tus inversiones, es importante entender los riesgos asociados con cada tipo. También debes considerar tus metas para invertir. Por ejemplo, si quieres hacer crecer tu dinero a un ritmo relativamente más rápido, las acciones son el camino a seguir.

El tercer paso es decidir si necesitas servicios de inversión, lo cual es más probable cuando todavía eres principiante. De hecho, recomiendo que tengas uno. Gestionar todas tus inversiones por tu cuenta podría ser relativamente menos costoso pero eres más propensa a cometer errores costosos. Por esta razón, contratar a un asesor financiero o corredor de bolsa para que te asista podría ser una ventaja.

Una vez que todo esté listo, tendrás que comprar tu primera acción. Este es el cuarto paso. Antes de hacer tu primera compra, asegúrate de investigar el tipo de inversiones que deseas. Debes saber con cuánto dinero te gustaría comenzar. Si estás comprando acciones, ¿cuántas vas a adquirir?

Existen varias aplicaciones disponibles para facilitarte la vida; úsalas. Estas incluyen Robinhood, WeBull y SoFi Invest.

El quinto paso es "acumular y diversificar". Una vez que tengas tu primera acción, lo siguiente es hacer crecer tu dinero y diversificar tu cartera. Investiga qué otras inversiones puedes añadir a tu cartera. Diversificar tu cartera ayuda a aumentar tus ganancias, además de reducir el riesgo asociado con la inversión. La diversificación te protege de perder todas tus inversiones de golpe. Por lo tanto, el quinto paso trata sobre cómo incrementar tus ganancias y asegurar la protección.

En el sexto paso, tienes que entender los movimientos que suceden en el mercado. Por eso te aliento a aprender el lenguaje de los osos y los toros. Las tendencias del mercado subirán junto con una economía saludable y fuerte. Esto representa un movimiento alcista de los precios. Los precios más bajos están asociados con una economía más débil y esto se refiere a la tendencia bajista. Pon en práctica los consejos sobre cómo salir adelante en los mercados alcistas y bajistas.

Por último, pero no menos importante, no puedes ignorar el papel de las emociones en la inversión. La codicia y el miedo son las emociones más comunes que debes vigilar, además de otras como la falta de paciencia. Mantener una mentalidad tranquila al invertir te ayuda a tomar decisiones acertadas, debido a la menor interferencia de las emociones. Por cierto, se sabe que las mujeres tienen mejor autocontrol que sus homólogos masculinos. Eso te da ventaja cuando se trata de invertir, mientras avanzas hacia la independencia financiera.

Este libro también destacó varios mitos que han ganado un espacio considerable en el mercado. Uno de esos mitos es que el mercado de valores es solo para los ricos. Bueno, la verdad es que el mercado de valores es para todos, incluidas mujeres como tú. ¡Otro mito común es que las mujeres son adversas al riesgo, por lo que no pueden soportar la inversión! Si eso fuera cierto, ¡no tendríamos mujeres como Elizabeth Holmenlund, Jessica Wu y Ellen Roseman, que lo han logrado en el mercado de valores!

Invertir en acciones es una oportunidad probada por el tiempo que ha ayudado a millones de personas a generar ganancias y hacer dinero. Puede ser un desafío comenzar este viaje, pero una vez que te familiarices con los entresijos del mercado y con esta guía en mano, no tardarás en alcanzar la independencia financiera. ¡Buena suerte!

Si has encontrado útil este libro, asegúrate de dejar una reseña en Amazon, para ayudar a que otra mujer lo encuentre también.

info@paulhong.net

CÓMO PUEDES AYUDAR A REDUCIR LA BRECHA DE INVERSIÓN DE GÉNERO

"No hay límite para lo que nosotras, las mujeres, podemos lograr".

MICHELLE OBAMA

Ya sabemos que esta es una arena dominada por hombres... Quiero asegurarme de que eso cambie, y estoy segura de que tú también. De todas las brechas que se discuten a menudo, la brecha de inversión de género no es una de ellas... Sin embargo, un estudio reciente de BNY Investment Management encontró que si las mujeres invirtieran al mismo ritmo que sus homólogos masculinos, hoy habría 3.22 billones de dólares adicionales bajo gestión de activos.

Y más importante que eso, si más mujeres invirtieran, habría más de nosotras en el mundo con libertad financiera y la oportunidad de seguir nuestros sueños.

Una de las principales razones por las que las mujeres se quedan atrás tiene que ver con el compromiso: muchas no sienten que entienden el mundo de la inversión... Podemos ayudar a cambiar eso.

Así es: nosotros. Con tu ayuda, puedo difundir esta información crucial aún más lejos, y más mujeres accederán a un mundo financiero del que tradicionalmente han sido excluidas.

He hecho el trabajo pesado... Todo lo que necesito de ti es un par de minutos de tu tiempo.

Al dejar una reseña de este libro en Amazon, puedes ayudar a guiar a otras mujeres hacia la información que necesitan para ayudarlas a navegar en el panorama de inversión.

Simplemente al dejar una reseña breve, puedes hacer saber a otros lectores qué pueden esperar encontrar en este libro y cómo te ayudó... y eso les indicará la dirección correcta para acceder a la orientación que están buscando.

Muchas gracias por tu ayuda. En un mundo dominado por hombres, nosotras las mujeres debemos mantenernos unidas.

¡Escanea el código QR a continuación para dejar una reseña rápida!

OTROS LIBROS

Este libro que acabas de leer es una traducción de la obra original publicada en inglés. Si te ha interesado profundizar en el tema en su idioma original o si deseas descubrir más de mis escritos, escanea el código QR:

REFERENCIAS

Abdali. (n.d.). "Your portfolio, leveraged or not, must be constructed in such a way that not only will it survive the bad days but thrive in a.... Pinterest. https://za.pinterest.com /pin/1076782592126931145/?mt=login

Adams, R. (2022, September 15). 10 best stock trading and investment apps for beginners. Youngandtheinvested.com. https://youngandthein vested.com/best-stock-t rading-software-platforms-for-beginners/

Amakella Pathways. (2021, January 20). Investing emotions in the stock market. Amakella Pathways. https://www.amakella.com/investing- emotions-in-the-stock-mar-ket-investor-psychology/

Anderson, S. (2019). The five biggest stock market myths. Investopedia. https://ww w.investopedia.com/insights/biggest-stock-market- myths/

Anderson, S. (2020). Why would someone choose a mutual fund over a stock? In-vestopedia. https://www.investopedia.com/ask/answers/ 05/062305.asp

Bakke, D. (2019). The top 17 investing quotes of all time. Investopedia. https://ww w.investopedia.com/financial-edge/0511/the-top-17- investing-quotes-of-all-time.aspx

Beers, B. (2020, May 13). How a buy-and-hold strategy works. Investope-dia. https://www.investopedia.com/terms/b/ buyandhold.asp

Beers, B. (2022, June 8). Can non-U.S. Citizens buy stocks of U.S. compa- nies? Investopedia. https://www.investopedia.com/ask/answers/ 05/foreignownershipussto cks.asp

Birken, E. G. (2021, March 30). Why women are better investors. Forbes Advi-sor. https://www.forbes.com/advisor/investing/woman- better-investors/

Blancaflor, M. (2018, July 31). Why women should invest and how to get started. Professional Woman's Magazine. https://professionalwom anmag.com/2018/07/wom en-invest-get-started/

Bloch, B. J. (2022, June 22). Market timing fails as a money maker. Investopedia. https://www.investopedia.com/articles/trading/07/ market_timing.asp

Brorsen, L. (2017, May 18). Looking behind the declining number of public companies. Corpgov.law.harvard.edu. https://corpgov.law.harvard. edu/2017/05/18/looking-behind-the-declining-number-of-public- companies/

CEIC. (n.d.). United States US: Number of listed domestic companies. https://www. ceicdata.com/en/united-states/financial-sector/us- no-of-listed-domestic-companies-total

CFP, M. F. (2022, September 22). How to buy stock: 6 steps for beginners. The Motley Fool. https://www.fool.com/investing/how-to-invest/ stocks/how-to-buy-stock/

Chen, J. (2020, October 16). Index investing definition. Investopedia. https://www. investopedia.com/terms/i/index-investing.asp

Chen, J. (2021, August 19). Dollar-Cost Averaging (DCA) definition. Investopedia. https://www.investopedia.com/terms/d/ dollarcostaveraging.asp

Chen, J. (2022, February 26). Exchange-Traded Fund (ETF) explanation with pros and cons. Investopedia. https://www.investopedia.com/ terms/e/etf.asp

Coombes, A., & de la Fuente, P. (2022, May 5). Stock trading versus investing: What's the difference? NerdWallet. https://www.nerdwallet. com/article/investing/stock-trading-vs-investing

Curtis, G. (2020, April 4). Trading psychology: Why the mind matters in making money. Investopedia. https://www.investopedia.com/arti cles/trading/02/110502.asp

Dautovic, G. (2021, February 8). 20+ incredible stock market statistics (2021). Fortunly. https://fortunly.com/statistics/stock-market- statistics/

DiLallo, M. (2020, August 5). REITs versus Stocks: What does the data say? The Motley Fool. https://www.fool.com/research/reits-vs-stocks/ DiLallo, M. (2022, June 29). Top high-dividend ETFs and mutual funds. The Motley Fool. https://www.fool.com/investing/how-to-invest/ mutual-funds/dividends/

Elkins, K. (2017, June 27). This is the key lesson Warren Buffett learned from buying his first stock at age 11. CNBC. https://www.cnbc.com/ 2017/06/27/what-warren-buffett-learned-from-buying-his-first- stock-at-age-11.html

Fidelity. (2015). What is portfolio diversification? Fidelity https://www. fidelity.com /learning-center/investment-products/mutual-funds/ diversification

Fidelity. (2019). Guide to diversification. Fidelity. https://www.fidelity. com/viewpoints/investing-ideas/guide-to-diversification

Geier, B. (2021, February 10). 10 types of investments (and how they work). SmartAsset. https://smartasset.com/investing/types-of-investment Green, T. (2020, December 21). Stock market volatility defined. The Motley Fool. https://www.fool.com/investing/how-to-invest/

stocks/stock-market-volatility/

Groww. (2022). 5 common stock investing mistakes to avoid as a beginner. Groww. https://groww.in/blog/common-stock-investing- mistakes-to-avoid-as-a-beginner

Guest. (2018, June 4). Stock Market Investment: 10 things you must know before investing in stock markets. The Financial Express. https://www. financialexpress.com/money/stock-market-investment-10-things- you-must-know-before-investing-in-stock-markets/1192422/

Harper, D. R. (2020, December 12). Getting to know the stock exchanges. Investopedia. https://www.investopedia.com/articles/basics/04/ 092404.asp

Hayes, A. (2022, June 28). What are mutual funds and how do they work? Investopedia. https://www.investopedia.com/terms/m/mutual fund.asp#toc-pros-of-mutual-fund-investing

Hua, L. (2020a, June 17). Why is the stock market rallying when the economy is heading into a recession? Fairmont Equities. https://fair montequities.com/why-is-the -stock-market-rallying-when-the- economy-is-heading-into-recession/

Hua, L. (2020b, October 14). 5 common misconceptions about the stock market. Fairmont Equities. https://fairmontequities.com/5- common-misconceptions-about-the-stock-market/

Itkin, L. (2014, December 10). Why don't more women invest in the stockmarket? Wharton Magazine. https://magazine.wharton.upenn.edu/ digital/why-dont-more-women-invest-in-the-stock-market/

Jain, R. (2022, June 14). Why you must control your emotions while trading in the stock market. Forbes Advisor INDIA. https://www.forbes. com/advisor/in/investing/why-you-must-control-your-emotions- while-trading-in-the-stock-market/

Kennon, J. (2022, January 17). Dividend investing. The Balance. https:// www.the balancemoney.com/what-is-dividend-investing-357437 Kramer, L. (2019). An overview of bull and bear markets. Investopedia. https://www.investopedia.com/insights/diggin g-deeper-bull-and- bear-markets/

Langager, C. (2019). A beginner's guide to stock investing. Investopedia. https://www.investopedia.com/articles/basics/06/invest1000.asp Lapin, N. (2021, October 30). My investing strategy? Index funds and chill.

Forbes. https://www.forbes.com/sites/nicolelapin/2021/10/30/ my-investing-strate-gy-index-funds-and-chill/?sh=1e04632e2563

Li, T. (2022, August 17). 8 monthly dividend ETFs worth considering.

Investopedia. https://www.investopedia.com/investing/monthly- dividend-etfs/

Lioudis, N. (2022, June 15). The importance of diversification.

Investopedia. https://www.investopedia.com/investing/impor tance-diversification/

McNab, K. (2016, March 2). Stories from the stock market: Tales of money,

mistakes and regret. ColoradoBiz Magazine. https://www.cobizmag. com/sto-ries-from-the-stock-market-tales-of-money-mistakes-and-regret/

Motilal, O. (n.d.). 8 things that small investors must do in bullish market condi-tions - Motilal Oswal. Www.motilaloswal.com. Retrieved October 1, 2022, from http s://www.motilaloswal.com/blog- details/8-things-that-small-investors-must-do-in-bull-ish-market- conditions/1891

Nasdaq. (2022, August 26). 3 dividend stocks that are passive income machines. Nasdaq.com. https://www.nasdaq.com/articles/3-divi dend-stocks-that-are-passive-in-come-machines

NYSE. (n.d.). The Floor Broker's Modern Trading Tool. Nyse. https://www. nyse.c om/article/trading/d-order

Palmer, B. (2019). 5 tips for diversifying your portfolio. Investopedia. https://www.i nvestopedia.com/articles/03/072303.asp

Passive Income M.D. (2019, March 26). The 5 benefits of financial free- dom. Passive Income M.D. https://passiveincomemd.com/the-5- benefits-of-financial-freedom/

Price, M. (2021, January 14). Bull versus bear market: What's the differ- ence? The Motley Fool. https://www.fool.com/investing/how-to- invest/bull-vs-bear-market/

Roberts, E. (2022, June 13). How to survive and prosper in a bear market. Investope-dia. https://www.investopedia.com/articles/investing/ 070115/4-ways-survive-and-pro sper-bear-market.asp

Rosenberg, E. (2022, May 14). First time investing? Here are stocks to buy. The Balance. https://www.thebalancemoney.com/tips-to-buy- your-first-stock-4142764

Royal, J. (2020). Best index funds in January 2020. Bankrate; Bankrate.com. https://www.bankrate.com/investing/best-index-funds/

Royal, J., & Durana, A. (2022, August 16). What is dollar-cost averaging and when to use it? NerdWallet. https://www.nerdwallet.com/arti cle/investing/dollar-cost-averaging-2

Seaburry, C. (2019). Profiting in bear and bull markets. Investopedia. https://www.investopedia.com/articles/stocks/09/profit-in-bear- bull-markets.asp

Stewart, B. (2021, March 8). Five investing success stories from five international women. CFA Institute Enterprising Investor. https:// blogs.cfainstitute.org/investor/2021/03/08/five-investing-success- stories-from-five-international-women/

Swab, C. (n.d.). ETFs versus mutual funds. Schwab Brokerage. https:// www.schwab.com/etfs/mutual-funds-vs-etfs

Swabb, C. (n.d.). Investing in Real Estate Investment Trusts (REITs). Schwab Brokerage. https://www.schwab.com/stocks/understand-stocks/ reits

Swenson, S. (2020, October 14). 8 top dividend index funds. The Motley Fool. https://www.fool.com/investing/how-to-invest/index-funds/ dividends/

Taylor, B. (2021, June 15). How to pick your investments. Investopedia. https://www.investopedia.com/investing/how-pick-your- investments/

The Money Pages. (2021, July 8). Three reasons why women should start investing today. https://www.themoneypages.com/investments/ three-reasons-women-start-investing-today/

Tom. (2022, April 2). How to start dividend investing with little money (5 step guide). Dividends Diversify. https://dividendsdiversify.com/ start-dividend-investing-with-little-money/

Tretina, K. (2021, April 22). How does the stock market work? Forbes Advisor. https://www.forbes.com/advisor/investing/what-is-the- stock-market/

Wellness. (n.d.). Why fewer women invest in the financial market—and how to change that. Goop. https://goop.com/wellness/career-money/ why-fewer-women-invest-in-the-financial-market-and-how-to- change-that/

REFERENCIAS FOTOGRÁFICAS

Bruno. (2018). Be aware of timelines [Image]. Pixabay. https://pixabay. com/photos/clock-pocket-watch-clockwork-3179167/

Concord90. (2015). Investing just seems so complicated [Image]. Pixabay. https://pixabay.com/photos/young-woman-computer-notebook- 1064659/

Darkmoon Art. (2019). Greed [Image]. Pixabay. https://pixabay.com/ photos/vulture-gold-money-coins-business-4212214/

Firmbee. (2015). Fees for mutual funds [Image]. Pixabay. https://pixabay. com/photos/iphone-visa-business-buying-card-624709/

Geralt. (2017a). Growth stocks [Image]. Pixabay. https://pixabay.com/ photos/woman-power-business-woman-2245108/

Geralt. (2017b). Consultation by the hour [Image]. Pixabay. https:// pixabay.com/photos/call-center-headset-woman-service-2505957/

MetsikGarden. (2017). Diversity [Image]. Pixabay. https://pixabay.com/ photos/diversity-love-colours-together-2884313/

Nattanan23. (2017). Investing gives you financial leverage [Image]. Pixabay. https://pixabay.com/photos/money-coin-investment-busi ness-2724241/

Nosheep. (2016). Bull and bear markets [Image]. Pixabay. https:// pixabay.com/photos/bull-bear-stock-market-business-1885566/ Pidvalnyi, O. (2021). Investment advisor [Image]. Pixabay. https:// pixabay.com/photos/woman-agent-realtor-business-6795378/ Qimono. (2017). Weigh your priorities [Image]. Pixabay. https://pixabay.com/photos/scale-balance-world-globe-money-2634833/

Sergeitokmakov. (2021). The stock exchange [Image]. Pixabay. https://pixabay.com/photos/stock-market-charts-trading-6287711/ Sergeitomakov. (2021). Stock broker [Image]. Pixabay. https://pixabay.com/photos/woman-computer-stock-market-chart-6 283768/ Sophieja23. (2015). Ask yourself questions [Image]. Pixabay. https://pixabay.com/photos/woman-question-mark-person-decision- 687560/

Stevebeadmead. (2014). Commodity ETFs [Image]. Pixabay. https://pixabay.com /photos/gold-ingots-treasure-bullion-513062/ Stevepb. (2017). Tax planning [Image]. Pixabay. https://pixabay.com/photos/savings-budget-investment-money-2789112/

StockSnap. (2017). Research before buying your stock [Image]. Pixabay. https://pixabay.com/photos/laptop-apple-macbook-computer- 2557571/

Surprising Shots. (2021). Women have what it takes to invest [Image]. Pixabay. https://pixabay.com/photos/women-smile-park-pose- girls-6342815/

The Digital Way. (2016). Add to your portfolio [Image]. Pixabay.com. https://pixabay.com/photos/money-grow-interest-save-invest- 1604921/

Wittlieb, E. (2017). Real estate investing [Image] Pixabay.com. https:// pixabay.com /photos/house-home-real-estate-residential-2511060/